Eva Bettan *est journaliste à France Inter, critique de cinéma et responsable du prix du Livre Inter.* Le goût de nos mères *est son premier livre.*

LE GOÛT DE NOS MÈRES

radiofrance.com/les-editions

MON POCHE
14 avenue des Droits de l'Homme – 45000 Orléans

Eva Bettan

Le goût de nos mères

70 déclarations d'amour à la cuisine maternelle

MONPOCHE

Ce livre est dédié à ma mère.

Son souhait, comme le mien, était de transmettre aux jeunes générations un récit des origines à travers cette langue universelle qu'est la cuisine maternelle.

Je pense d'abord à mes enfants et petits-enfants, Jean, Édouard, François, Nancy, Philippe, Victoria.

Je pense aussi à mes neveux, à mes filleuls, à des jeunes qui m'appellent « tata », et peu nous importe de ne pas avoir de lien du sang. Je pense aux enfants et petits-enfants de ceux qui ont participé à ce livre.

Et je pense aussi aux vôtres…

Vous avez entre les mains une édition poche, augmentée de contenu audio. Certains chapitres sont accompagnés d'un QR code, que vous pouvez scanner à l'aide de l'appareil photo de votre téléphone portable. Vous serez alors dirigé·e vers une pastille radiophonique, qui propose une déclinaison audio de ces déclarations d'amour à la cuisine maternelle. Bonne lecture et bonne écoute !

Introduction

L'AVENTURE DE CE LIVRE a débuté il y a dix ans. L'âge et la fatigue venant, ma mère avait commencé à se désintéresser de la cuisine. En moi, une idée avait alors surgi : « Je veux garder le goût de ma mère ! » Une impulsion plus qu'un raisonnement. Bien plus tard sont arrivés des mots comme : transmission, mémoire, traces, traditions familiales… Sur le moment, je tenais un sortilège. J'allais mettre l'amour maternel en équation culinaire, défier le temps en réveillant l'intérêt de ma mère avec un projet à épisodes qui la ferait sourire : évoquer ensemble ses recettes culte, et puis, si elle en avait envie, nous parlerions d'elle. Chaque soir, nous nous dirions à demain. « À demain, maman… » Ce furent nos contes des mille et une nuits.

Et un jour il n'y a plus eu de conte. Il m'a fallu des années pour pouvoir reprendre ce projet.

Je m'étais dès le début aperçue, lorsque j'évoquais ma démarche, qu'elle réveillait chez certains des choses profondes. C'est ainsi que je suis passée du singulier au pluriel, du « goût de ma mère » au « goût de nos mères ».

Il n'est pas nécessaire d'invoquer un certain Marcel P. pour savoir tout ce qu'une saveur peut ranimer… Des filles et des fils se souviennent d'un plat, d'un dessert, et tout leur revient : le sourire d'une jeune femme qu'ils appellent « maman », le sentiment d'être aimé et que rien ne peut arriver puisqu'elle est là, un dimanche en famille, un jardin en banlieue, un pays que l'on a quitté…

Je suis allée vers ceux pour qui le lien à leur mère était – ou avait été – essentiel dans leur vie. Parfois, c'était une évidence. Parfois, ce sont des indices ténus qui m'ont mise sur la voie de ceux que j'appelle (et je m'y inclus) des « fils et filles de leurs mères ». J'ai commencé par mes proches, puis je n'ai pas cessé d'élargir le cercle, jusqu'à des artistes que mon métier de journaliste culturelle m'a fait connaître. Il est arrivé aussi que des personnages de fiction me touchent dans un livre ou un film, et que j'aie envie de me tourner vers son auteur. Pour l'essentiel, cet ouvrage est le fruit d'entretiens à partir desquels j'ai choisi de rédiger les textes à la première ou à la troisième personne. Parmi ceux que j'ai sollicités pour ce livre, certains ont préféré n'être désignés que par leur prénom, et d'autres m'ont fait le plaisir de prendre eux-mêmes la plume.

Chaque texte, ou presque, s'achève par une recette, la plupart détaillées, d'autres un peu moins, le langage des mamans n'est pas celui des chefs étoilés… Une certitude : l'ingrédient principal de ce livre est l'amour filial.

J'ai avancé, sans idée de représentativité, sans savoir où l'évocation d'une recette allait nous conduire. Et cela nous a menés loin. Dans le temps, dans l'histoire, dans la géographie. En France bien sûr, mais également au Maroc, en Italie, en Iran, en ex-URSS, en Égypte, à Salonique… Loin aussi dans la variété des parcours, enfance choyée, ascension sociale, immigration, mémoire retrouvée…

Loin surtout dans la profondeur des sentiments.

Plusieurs choses m'ont frappée.

L'émotion de tous à l'idée d'évoquer une femme capitale pour eux et qu'une trace d'elle demeure, fût-ce par le biais modeste de la cuisine.

Le révélateur de bonheur que peut être un simple plat. C'est la partie solaire, de la relation mère-enfant, que la cuisine fait jaillir.

Le retour vers l'enfance. Ces moments où, au sens propre du terme, l'on retombe en enfance. Ceux qui s'expriment sont eux-mêmes parents, ou grands-parents parfois, mais c'est l'enfant en eux qui revit à l'évocation du goût de sa mère.

La transmission. Tous ont la certitude de son importance, peu l'ont organisée. « Je n'ai pas les recettes de ma mère ! » Cette phrase, je l'ai entendue plusieurs fois, avec une forme de stupéfaction. Quand les mères sont en pleine forme et qu'on peut les appeler pour leur demander « Comment fais-tu ton gigot ou ta tarte ? », pourquoi y penser ? Et quand les mères faiblissent, souvent on ne veut pas le voir. Comme moi… Nous avons tout le temps, n'est-ce pas ? Les mères sont éternelles.

C'est un livre fraternel et accueillant que celui-ci. Dans l'idéal, il serait sans fin. Le mot « fin », *the end*, n'est magique que dans les vieux films en noir et blanc. Mais si, en le lisant, vous souriez en pensant au goût de votre mère, alors le but est atteint, vous prolongez l'aventure. Et la vie continue…

Eva Bettan

Le goût de ma mère

La poussette

Son sourire était léger. Elle avait pris l'air détaché de celle qui se prête à ma nouvelle lubie. Nous étions si proches que la pudeur entre nous n'en était que plus grande. Elle allait donc me donner ses recettes et se raconter un peu, entre deux gorgées de thé, mais pas pour la postérité puisque, bien sûr, nous avions tout le temps. Et son regard semblait me signifier : « Si cela peut t'aider, ma fille… »

Sur la photo en noir et blanc, on peut voir une jeune femme mince. Son tailleur cintré à la taille est noir, de même que son sac, ses gants ; un foulard, noir lui aussi, entoure son cou. Le décalage est choquant entre cette tenue de grand deuil et son visage à l'arrondi encore juvénile, aux traits doux. La gravité de son regard vous cueille. L'objectif d'un photographe de rue qui officiait régulièrement sous les arcades du boulevard Mohammed-V, une des artères principales de Casablanca, l'a saisie alors qu'elle avance avec une poussette. Dans la poussette, c'est moi.

L'instantané a la puissance d'évocation d'une image de cinéma, mais la réalité était moins romanesque.

Veuve à vingt-sept ans, avec deux filles en bas âge… Notre maison était différente de celle des autres enfants, un foyer sans homme et plein de femmes qui n'avaient qu'un but : nous choyer, ma sœur et moi. Au sein de ce matriarcat, ma mère était la « tête ». C'est elle qui prenait les décisions, gérait le budget, s'occupait des démarches administratives, c'est elle qui négociait avec le « dehors ».

Ma grand-mère maternelle, Esther, régnait sur la cuisine ; ma tante Hannah démêlait les longs cheveux de ma sœur avec une patience infinie ; ma grand-mère paternelle, Lidicia, était très âgée, nous lui rendions visite chaque jour dans sa chambre. Après la mort de son mari, ma mère avait voulu adoucir le chagrin de sa belle-mère en lui faisant partager la vie de ses petites-filles. Elle a vécu avec nous jusqu'au bout. Chez ma mère, la bonté était naturelle.

De même, il lui avait semblé inconcevable de se remarier et de nous imposer un beau-père. Je me dis souvent qu'elle a connu une vie très « XIXe siècle » alors que, par son ouverture d'esprit, elle était en avance sur son temps… Ne croyez pas pour autant à une femme de devoir austère, au contraire, elle était tendre, elle était l'amour total, elle était joyeuse, elle avait un rire enfantin.

Une chose encore, qui chaque fois que j'y pense me serre le cœur et que je ne sais comment qualifier… Sa vie pas assez vécue l'a laissée éternellement du côté de la jeunesse.

À la sortie de l'école, je la trouvais plus lumineuse que les autres mères. Elle m'épatait, elle n'a jamais cessé de m'épater…

Et la cuisine, alors ? Elle y a fait des débuts remarquables à cinquante ans, après la disparition de sa mère. Mais elle a toujours très bien su faire le pain, le pain aux graines d'anis de son enfance.

E. B.

Le pain aux graines d'anis

Ingrédients

- 1 kg de farine
- 1 cuil. à soupe bien pleine de levure de bière
- 1 cuil. à café de sucre en poudre
- 2 œufs battus + 1 jaune d'œuf
- 2 cuil. à café de sel
- 1 cuil. à café de graines d'anis ou de sésame

Dans un grand saladier, mettre la farine, la levure de bière que l'on émiette.

Verser dessus le sucre, les œufs battus, le sel, les graines d'anis ou de sésame.

Ajouter environ 50 cl d'eau tiède petit à petit pendant le travail de la pâte (à la main ou au mixeur). Ne pas trop la travailler : il faut arriver à obtenir une pâte malléable, ni trop ferme ni trop molle.

Déposer la pâte pétrie dans un plat, la recouvrir d'un torchon et l'entreposer dans un endroit tiède et sans courant d'air. Laisser lever 30 min environ.

Confectionner trois pains longs de 30 cm environ et assez larges.

Tracer trois fentes légères en diagonale sur le dessus.

Couvrir à nouveau et laisser lever une seconde fois pendant 5 min.

Dorer au jaune d'œuf mélangé à un peu d'eau.

Cuire dans un four préalablement chauffé à 180 °C (th. 6-7) pendant 15 min environ.

Amin Maalouf

Les mangues du paradis

L'écrivain et académicien Amin Maalouf est l'homme d'une double culture : le Liban où il est né, la France où il vit et écrit. Son œuvre est portée par des rêves d'harmonie et de coexistence entre toutes les cultures. Il nous a offert ce texte.

JE SUIS NÉ AU LIBAN en février 1949, et dès le mois suivant ma mère me prit avec elle dans son propre pays natal, l'Égypte, pour me présenter à ses parents. Elle m'y emmena encore l'hiver suivant, et celui d'après. Puis notre rituel s'arrêta net. Mon grand-père, dont je porte le prénom, était mort soudainement dans les derniers jours de 1951. Peu de temps après, ce fut le grand incendie du Caire, puis la révolution, les confiscations, les nationalisations, l'exode…

De ces tout premiers voyages de ma vie je ne garde, bien entendu, aucun souvenir direct, mais leur écho n'a jamais cessé de résonner en moi. Ma mère qui, à l'heure où j'écris ces lignes, vient de fêter ses quatre-vingt-dix-neuf ans, continue à me parler chaque jour de l'Égypte d'hier, du bonheur qu'elle y a connu, de « notre » maison d'Héliopolis, de la plage d'Alexandrie, des promenades à cheval et de son premier bal. Et comme une légère confusion des temps s'insère dans ses réminiscences, elle évoque parfois les disparus comme s'ils étaient encore parmi nous, même cet oncle pétri d'érudition, qui avait fondé un institut des langues, et qui aurait eu cent cinquante ans s'il vivait encore. Je me garde bien de la reprendre, de peur de troubler ses ultimes sourires.

Ce que j'ai connu de son Égypte dans mon enfance, c'est d'abord le goût des mangues, que des proches nous rapportaient parfois « de là-bas » dans de grands sacs en jute. Il y en avait de diverses tailles et couleurs, les plus délicieuses étant dites « indiennes », fines et allongées, à la chair couleur de rouille, et à la saveur inégalable. En second, dans la hiérarchie des fruits, venaient les goyaves. Elles étaient souvent roses, à l'intérieur, et leur senteur était enivrante ; il suffisait d'en laisser deux ou trois dans une corbeille de la salle à manger pour embaumer la maison entière. Mais la vérité m'oblige à dire que leur goût, bien que délicat, ne tenait pas toujours la promesse de leur parfum. J'en prenais un bout, mais je n'étais jamais tenté de m'en gaver sans retenue comme avec les mangues.

Deux autres mets venus d'Égypte étaient souvent à notre table, et je continue à les déguster, aujourd'hui encore, avec le même enchantement qu'autrefois. Le premier est la poutargue, « délicatesse » éminemment méditerranéenne, mais qui ne se consomme pas partout de la même manière. En Égypte, où elle est produite, aux dires des archéologues, depuis plus de trois mille ans, à partir d'œufs de mulets séchés, on la coupe en lamelles fines, accompagnées de lamelles, encore plus fines, d'ail cru et arrosées d'huile d'olive. Introduite au Liban par des émigrés qui, comme ma famille maternelle, s'étaient établis en Égypte tout en revenant chaque année passer l'été dans la fraîcheur montagnarde, elle fait désormais partie intégrante de la cuisine locale et trône sur les meilleures tables au milieu des mezze. C'est également le cas de la *mouloukhié.* Héritage, elle aussi, semble-t-il, de la cuisine pharaonique, elle a acquis au Liban et dans la diaspora le statut de plat de fête. Et même une dignité « royale », comme l'atteste la recette reproduite qui accompagne ces lignes.

De fait, la *mouloukhié* n'est jamais servie à table comme les autres plats. Elle obéit à un rituel, auquel tous les convives, même les enfants, sont censés se plier. Les sept ou huit composants sont placés séparément sur la table, et l'on se sert dans l'ordre que l'on veut, et avec les quantités que l'on souhaite. Pour ma part, je commence toujours par mettre au fond de mon assiette creuse un bon tapis de riz. Puis je le saupoudre de pain sec, que je broie entre mes paumes. J'ajoute un petit bout de poulet, rarement du mouton. Je verse dessus deux ou trois louches de la soupe fumante, aillée et coriandrée, qui porte le même nom que le plat. Le tout prend alors l'allure d'une colline vespérale que l'on couronne, en une dernière touche, par des oignons coupés en dés, et qui viennent en deux sauces concurrentes, l'une jaune, au citron, l'autre violette, au vinaigre, « la première pour les gens du littoral », disait mon père, « l'autre pour ceux de la montagne ».

Les repas d'autrefois. Leur vacarme, leur rituel, leurs saveurs. Rien d'autre ne survit en nous, rien d'autre n'échappe à l'imparable disparition.

Amin Maalouf

La royale mouloukhié

La mouloukhié *est un plat d'origine égyptienne dont le nom semble indiquer qu'il fut jadis apprécié sur les tables royales. Le mot désigne également une plante verte que la cuisine du Liban utilise exclusivement pour ce plat. Appelée parfois corète ou corette, elle appartient à la famille des corchorus, dont fait partie le jute. Elle possède une longue tige couverte de feuilles qui ressemblent un peu à celles des orties, mais qui sont plus rugueuses.*
La mouloukhié *se consomme traditionnellement en été, saison à laquelle pousse la plante. Pourtant, ce plat chaud et riche serait plus approprié pour l'hiver.*

Ingrédients pour 6 pers.

- 1 kg de *mouloukhié**
- 1 poulet
- 2 oignons
- 2 bouquets de coriandre
- 5 gousses d'ail
- 2 pains libanais
- 3 échalotes
- 15 cl de vinaigre de vin rouge
- 1 tasse à café de jus de citron
- Huile d'olive

* On la trouve dans les épiceries orientales, soit sèche, soit congelée. Sinon, on peut la remplacer par l'épinard ou l'ortie, qui ont la même couleur, un goût assez proche, mais une consistance différente…

Laver, sécher et couper les feuilles de *mouloukhié* en très fines lamelles.

Peler et émincer les oignons.

Faire dorer le poulet sur toutes ses faces. Saler, ajouter les oignons, couvrir d'eau puis le cuire durant 50 min.

Hacher la coriandre.

Dégermer et piler l'ail.

Faire revenir dans l'huile l'ail et la coriandre pendant 3 min.

Couper le pain en carrés de 2 cm de côté et le faire dorer au four en le surveillant en permanence.

Hacher les échalotes, les mettre dans le vinaigre.

Retirer le poulet cuit du bouillon, enlever la peau et les os. Réserver au chaud.

Mettre l'ail et la coriandre dans le bouillon, ajouter le jus de citron puis la *mouloukhié* préparée. Au premier bouillon, retirer du feu.

Pour servir, mettre dans chaque assiette creuse du riz, du poulet, une grande louche de *mouloukhié*, et enfin les échalotes au vinaigre et le pain grillé.

Variantes

La recette de la *mouloukhié* varie selon les familles.

On peut la servir avec de l'agneau et ajouter plus d'oignons dans le bouillon, et même des tomates.

Le vinaigre dans lequel baignent les échalotes hachées peut être remplacé par du jus de citron.

Recette empruntée à La Cuisine libanaise d'hier et d'aujourd'hui, *publiée en 2007 chez Albin Michel par Andrée Maalouf et Karim Haidar.*

Lydie Salvayre

L'œuf et la plume

Dans Pas pleurer *(prix Goncourt 2014), Lydie Salvayre évoque sa mère, réfugiée politique espagnole. Quand on l'interroge sur le goût de sa mère, ses idées rebondissent de sensations en rapprochements… Et si tout se tenait ? Et si tout était rond comme un œuf ?*

MA MÈRE EST ARRIVÉE en France en 1939, les mains vides. Elle ne savait rien de ce pays, rien de sa langue, rien de sa culture et rien de ses traditions. Elle était mariée à un homme qui travaillait comme manœuvre, et qui comme elle était réfugié politique.

Ils vivaient pauvrement, d'abord dans le Loir-et-Cher, puis dans un village près de Toulouse.

Et que fait une Espagnole pauvre quand il s'agit de cuisiner ? Elle fait une tortilla, une omelette avec ce qu'on appelle « les restes » ! Ma mère avait l'art d'accommoder les restes de façon absolument remarquable et que je n'ai vue nulle part ailleurs. Avec deux courgettes, des oignons, un reste d'épinard, un reste de pommes de terre, un reste de chou, un reste de poireaux, des choses qui normalement auraient dû être jetées, ma mère confectionnait une omelette. Et cela faisait un plat tout à fait présentable. Mon père disait souvent que ma mère aurait fait une omelette avec des pierres si elle n'avait rien trouvé d'autre !

Et à y réfléchir, je pense que cela n'a pas été sans influer sur mon écriture... J'aime, d'une certaine façon, écrire avec les restes, au sens non péjoratif du terme, avec ce qui n'est pas forcément regardé comme noble ou digne d'attention. J'aime écrire sur les choses laissées de côté, les choses abîmées, les débris de mémoire, les êtres cabossés, les vies minuscules, pour reprendre le titre du beau livre de Michon.

Bien sûr, enfant, je détestais être pauvre, vivre dans une HLM, et avoir des parents qui ne parlaient pas le français de Bossuet. Il a fallu que je devienne adulte pour réaliser à quel point l'existence de cette mère, que j'adorais et qui savait faire de la pauvreté de ses moyens une force, a été fondatrice pour moi.

La tortilla de patatas

Chacun improvisera une tortilla avec ses restes, c'est une affaire personnelle… Lydie croit se souvenir que sa mère adjoignait à ces restes un peu de pommes de terre, peut-être pour donner de la consistance à l'omelette. Elle faisait bien sûr la tortilla de patatas, *un grand classique.*

Ingrédients

- Œufs
- Pommes de terre
- Huile d'olive
- Sel
- *Facultatif :* oignons

Tout réside dans la cuisson des *patatas*.

Couper les pommes de terre en petits carrés et les faire revenir dans une poêle avec de l'huile d'olive bien chaude.

Les carrés de pommes de terre doivent être ni trop cuits ni pas assez : dorés et craquants (mais pas durs) à l'extérieur, moelleux à l'intérieur.

On peut, si l'on veut, ajouter des lamelles d'oignons.

Battre les œufs, saler, les jeter sur les pommes de terre qui sont toujours sur le feu.

Quand le fond de l'omelette est cuit, prendre une grande assiette (dans l'idéal plus large que la poêle).

D'une main, maintenir fermement l'assiette ; de l'autre, retourner la poêle.
L'omelette se retrouve ainsi dans l'assiette.

Faire glisser l'omelette dans la poêle pour qu'elle cuise de l'autre côté.

Jamel Debbouze

Pain, amour et fantaisie

Jamel Debbouze est acteur et humoriste, il est aussi le fils de sa mère, ô combien ! Plusieurs signes l'indiquaient, mais on était en dessous de la réalité...

AVANT LES MOTS vient le sourire, il exulte à l'idée d'évoquer sa Mima, sa maman, de son prénom Fatima. Cela le renvoie à une source de joie permanente.

Il partage avec elle plus qu'un rapport de mère à fils. Quand ses parents arrivent en France, venant du Maroc, ils ne parlent pas le français. Jamel est l'aîné, et il se souvient de la complicité avec sa mère. Il est dans le secret, il est son *ouldi*, ce qui veut dire « mon fils », et il est aussi son ami, son confident. C'est lui qui lit les courriers, qui lui raconte ce qui se dit à la télévision, il est son trait d'union avec la France. Il désamorce l'émotion avec une blague : « Mais passé le paillasson, chez nous, c'était le Maroc. S'il y avait eu un douanier devant la porte, j'aurais trouvé cela naturel... »

Histoire d'émigration qu'on pourrait dire « classique », avec une entorse au programme : le fils qui devient riche et célèbre ! L'idée que cela aurait pu changer leur relation ou modifier un équilibre semble le hérisser. Ils partagent aujourd'hui le plaisir comme ils ont partagé le reste, c'est aussi simple que cela.

La première chose qu'il s'est « offerte » a été de proposer à ses parents d'arrêter de travailler, parce qu'ils exerçaient des métiers pénibles et qui usent. Il leur procure du temps, mais il estime que c'est à lui qu'il a fait ce cadeau, car il ne se lasse pas de la joie de voir Mima faire ce qu'elle veut de ses journées : rire, regarder pousser ses légumes, extraire l'huile de ses quelques oliviers, aider les autres, et surtout cuisiner, table généreusement ouverte bien sûr.

Il devient lyrique quand il évoque le pain de sa mère. « Elle a mis toutes ses joies et ses peines dans les kilos et les kilos de pâte qu'elle a pétris dans sa vie. » Et cela donne ce pain tout rond, tout plat, tout chaud, qui était encore meilleur quand ils vivaient au Maroc et qu'ils l'apportaient à cuire au *ferrane*, le four du village.

Le pain et la générosité de sa mère, les bases, l'essentiel… Nous y voilà, fini de blaguer. Viennent les mots forts, timidement d'abord, avant de s'enhardir. Non, il n'est pas fan de sa mère pour rien, il la trouve exceptionnelle. Fatima et son humanité désarmante. Fatima et sa gentillesse qui parfois le gênait quand il était jeune, craignant que cela passe pour de la faiblesse. Sa mère se montrait charmante même avec la préfecture ou la mairie, qui selon lui pouvaient parfois être terriblement condescendantes… Aujourd'hui, il lui donne raison : elle l'a convaincu que la gentillesse est la plus grande des forces.

Fatima continue d'aider les autres, avec peut-être un peu plus de moyens… Il connaît sa méthode : elle prépare une assiette de gâteaux, elle l'offre à ceux à qui elle rend visite, ils bavardent, elle voit de quoi ils ont besoin… et elle finit par l'appeler ! Il rit, il ne s'en lasse pas, il en redemande.

Le pain matlouh

Mima Debbouze vous convie à sa table avec du pain matlouh. Au goûter avec du beurre salé, c'est un délice... À servir avec un thé à la menthe !

Ingrédients

- 400 g de semoule fine
- 150 g de farine
- 1 cuil. à soupe de levure boulangère
- ½ cuil. à café de sel
- 1 verre ½ d'eau tiède

Mélanger tous les ingrédients dans un grand récipient.

Pétrir la pâte à la main jusqu'à ce qu'elle devienne lisse et sans grumeaux.

Attention, il ne faut surtout pas la laisser refroidir, sinon elle devient liquide et il faut recommencer !

Une fois que la pâte semble prête, la couvrir de film alimentaire pendant 5 min, puis la pétrir à nouveau et la recouvrir 5 min.

Sur le plan de travail, saupoudrer de semoule (pour ne pas que ça colle), puis étaler la pâte.

La couper en deux ou quatre parts, en faire des boules et les aplatir en pâtons de 5 cm d'épaisseur.

Faire cuire à feu doux dans une poêle jusqu'à obtenir des pains dorés, tout en les retournant plusieurs fois pendant la cuisson.

Mettre dans un plat et recouvrir
avec une serviette.

Déguster ☺.

Jean-Jacques Mandel

Le sourire de ma mère

Quand nous nous sommes parlé avec Jean-Jacques Mandel, anthropologue de formation et journaliste, nous sommes arrivés tout de suite à l'essentiel.

SA MÈRE NE SOURIAIT que lorsqu'elle faisait le gratin d'aubergines... Ce mélange de fruits consommés en légumes et de fromage semblait agir sur elle comme un remède temporaire à sa mélancolie. Bien plus tard, Jean-Jacques Mandel en a compris la raison : c'était pour elle un rappel de ses origines, le seul qui restait quand on avait tellement voulu s'intégrer qu'on avait tout effacé...

L'histoire des parents de Jean-Jacques épouse le XXe siècle.

Côté paternel, des juifs alsaciens. Le grand-père, médecin, a fait la Première Guerre mondiale dans l'armée allemande. Lors du conflit suivant, deux de ses fils ont été des résistants français.

Côté maternel, des juifs de Salonique. Arrivés là pour fuir l'Inquisition espagnole, ils en sont partis quand la ville est devenue grecque en 1912. Bien leur en a pris : plusieurs membres de leur famille restés là-bas ont été exterminés à Auschwitz.

Des deux côtés, le processus d'intégration avait débuté aux générations précédentes. Et les parents de Jean-Jacques l'ont parachevé en se convertissant au catholicisme : baptêmes, enfants de chœur, communions… La « blanchitude complète », l'expression est de lui.

Et tel le vestige d'un temps enfoui, seul subsistait le gratin d'aubergines…

Jean-Jacques comprend tout par la grâce d'un livre : *Vidal et les siens* d'Edgar Morin, lui-même issu d'une famille juive de Salonique. Il lit cet ouvrage comme si c'était l'histoire de sa famille qu'on ne lui avait pas enseignée.

Il y est dit en substance que, dans les familles bourgeoises, on transmettait trois choses à l'aîné. Symboliquement, on lui confiait, si on l'avait toujours, la clé de la maison au Portugal ou en Espagne qu'on avait dû fuir pendant l'Inquisition. On lui apprenait à s'intégrer dans la culture de l'endroit où il vivait, tout en entretenant, chez lui, sa propre culture. Enfin, on lui donnait la recette du gratin d'aubergines, chaque famille ayant la sienne.

Ce jour-là, Jean-Jacques s'est assis et il a dit : « Merci maman, merci Edgar Morin, merci la cuisine et merci les aubergines ! »

Cette recette espagnole du XVe siècle renvoie à un passé culturel, c'est une recette mémorielle, ce n'est donc pas *juste* des aubergines et de la feta…

Ce gratin a ceci de particulier que, dans sa famille, il se mange froid, accompagné de melon d'Espagne.

Le gratin d'aubergines
Recette de la famille Benveniste

Ingrédients pour 6 pers.

- 1,5 kg d'aubergines*
- 3 beaux œufs frais
- 300 g de fromage demi-sel ou de feta fraîche ou 3 gros carrés frais
- 80 à 100 g d'emmental râpé
- 2 cuil. à soupe d'huile d'olive
- 2 pincées de sel
- Beurre pour le plat
- 1 gros melon jaune d'Espagne bien mûr

* Soit environ 6 aubergines moyennes choisies bien fermes mais pas dures.

Faire griller les aubergines une à une sur une grille à même la flamme de la gazinière. Faute de gaz, les mettre au four en position gril. Dans l'idéal, il faut que la peau soit bien brûlée pour obtenir un petit goût de fumé, pas évident à avoir au four.

Les jeter tour à tour dans l'évier rempli d'eau très fraîche pour décoller la peau brûlée qui partira en miettes. Finir de bien les éplucher et conserver quelques miettes de peau calcinée pour donner cet incomparable petit goût de fumé.

Mettre les aubergines au fur et à mesure dans une passoire pour qu'elles finissent de cracher leur eau.

Les passer au moulin à légumes (grosse grille), ou les mouliner rapidement dans un robot pour les transformer en caviar.

Verser ce caviar dans un chinois pour un dernier égouttage.

Dans un grand saladier, bien mélanger à la fourchette les œufs, les carrés frais et l'emmental râpé. Délayer le tout avec une huile d'olive de qualité. Saler à peine. Incorporer le caviar d'aubergines dans cet appareil et bien mélanger le tout.

Verser dans un plat à gratin au préalablement beurré et enfourner dans un four préchauffé à 220 °C (th. 7-8) pour 40 min environ. Le dessus du gratin doit roussir légèrement par endroits.

Laisser refroidir au moins une demi-journée et, si c'est l'été, le rafraîchir 30 min dans le bas du réfrigérateur.

Servir ce gratin froid accompagné de cubes de melon jaune d'Espagne bien frais.

Edgar Morin

Nourritures primordiales

L'un m'a mené à l'autre... Jean-Jacques Mandel m'ayant expliqué avoir tout compris de ses origines grâce au gratin d'aubergines évoqué par Edgar Morin dans Vidal et les siens, *je me suis adressée au grand sociologue et philosophe.*

CELA SEMBLE UN PEU IRRÉEL d'écouter Edgar Morin nous conseiller sur le choix des aubergines en vue d'un gratin... à ne surtout pas manger trop chaud, sinon il perd de son goût. Il en parle avec l'aisance de celui qui en cuisine souvent. D'ailleurs, belle coïncidence, il a justement fait un gratin ce jour-là.

Il en parle aussi avec la nostalgie d'un monde disparu, celui des juifs de Salonique dont sa famille est originaire. Cette recette lui a surtout été transmise par sa grand-mère et ses tantes maternelles, car sa mère est morte quand il avait dix ans. « C'est donc quelque chose de très intime, ce sont mes nourritures primordiales. C'est ma famille, ma lignée maternelle, mon enfance, et c'est un de mes plats préférés. »

On l'appelait *sfongato de berenjena*, « gratin d'aubergines » en *jidio* ou *judezmo*, la langue que parlaient les juifs de Salonique. Ils s'y étaient installés, fuyant l'Inquisition espagnole. Et cette langue, qu'Edgar Morin définit comme du vieux castillan mâtiné de quelques mots de turc modifié, est en voie de disparition. Les gens de sa génération la connaissent encore pour l'avoir entendue dans leurs familles. Ses parents s'exprimaient entre eux en *jidio* quand ils s'adressaient à lui en français. Il ne la parle donc pas mais, lorsqu'il s'est trouvé dans des pays hispanophones, elle a « ressuscité » en lui et lui a permis de parler l'espagnol facilement.

« Il y a toute une culture, linguistique, gastronomique, composée de toute une série d'usages, qui s'est dissoute et qui est morte… » Peut-être y a-t-il de par le monde, il l'espère, quelques Sépharades venus de Roumanie, de Bulgarie ou de Turquie qui se souviennent encore de cette langue… Peut-être… Ses filles n'ont jamais connu le *jidio*, mais il leur a transmis ses deux recettes venues de Salonique : celle de la tourte au fromage, appelée *pastello de queso*, et bien sûr celle du *sfongato de berenjena*, que voici…

Le sfongato de berenjena
Recette de la famille Beressi

Les quantités ? « Je suis comme les grands-mères, je fais à l'œil », dit Edgar Morin. Le temps de cuisson ? « Le temps qu'il faut. »

Ingrédients
- Aubergines
- Huile d'olive
- Feta ou fromage blanc de brebis ou de chèvre
- Ail
- Parmesan ou gruyère râpé
- Sel
- *Facultatif* : 1 œuf battu

Choisir des aubergines bien dures (quand elles sont molles, elles ne sont pas bonnes).

Les faire cuire sous le gril du four à haute température. Elles vont ramollir, la peau se détachera facilement.

Retirer la peau et presser la chair pour en extraire l'eau. Écraser à la fourchette avec l'huile d'olive et le fromage frais.

Si on utilise de la feta, ne pas saler.
Avec les autres fromages, saler un peu.

Mélanger avec de l'ail. On peut aussi ajouter un œuf battu.

Huiler un plat allant au four.

Étaler la préparation en couche moyenne.

Parsemer de fromage râpé.

Cuire à four très chaud. Quand le gratin est doré, éteindre le four et le laisser continuer de dorer dans la chaleur du four.

Enfin, précision importante : ne pas manger ce gratin aussitôt car les aubergines chaudes perdent de leur goût. À déguster tiède, donc.

Nathalie Léger

Le fondant rabelaisien

Nathalie Léger a fait plus que s'inspirer de sa mère pour certaines héroïnes de ses livres. La fiction lui a permis d'exprimer ce que celle-ci n'avait pas pu dire… Sa voix est limpide, vive, amusée, quand elle songe au goût de sa mère.

CETTE RECETTE S'APPELLE « le fondant rabelaisien », rien que le mot est délicieux, c'est le mot magique de l'enfance, c'est comme une sorte de marque familiale. Je nous vois, mes frères, ma sœur et moi, dans la cuisine, avec notre mère. Notre père était parti, il nous avait quittés, et d'un coup nous étions sortis du style bourgeois emprunté, avec la sonnette et la bonne qui apporte les plats, les horaires stricts des repas sous l'autorité effrayante du chef de famille, pour entrer joyeusement dans la dèche et la liberté.

Le titre de la recette cristallise une image de bonheur : nous étions autour de ma mère, elle faisait sa recette, et c'était la joie absolue.

Pourtant, nous entourions une mère incapable de transmettre son amour tant son attention était concentrée sur l'échec de sa vie sentimentale…

Oui, mais il y avait le fondant rabelaisien ! Simplicité culinaire et énormité gustative : du pain, des litres de béchamel, du fromage râpé et du jambon pas cher… Plus c'est simple, meilleur c'est. Le délice du pain fondu dans la béchamel nous permettait de noyer toutes les tristesses.

Rien ne peut altérer la sensation de bonheur que procure le souvenir… Plus tard, j'ai refait la recette. Avec du bon jambon. Cela m'a semblé moins savoureux…

Le fondant rabelaisien

Ingrédients pour 6 pers.

- 1 l de lait
- 50 g de beurre
- 60 g de farine
- Noix muscade moulue
- Pain de qualité baguette avec beaucoup de mie
- Jambon blanc
- Gruyère râpé
- Chapelure
- Sel, poivre

Commencer par le plus délicat : la béchamel.

Mettre le lait à chauffer dans une casserole.

Pendant ce temps, dans une autre casserole, faire fondre très doucement le beurre. Ajouter progressivement la farine en remuant sans cesse, pendant 3 min environ, de façon à former un roux.

Verser le lait sur le mélange sans cesser de fouetter pour éviter les grumeaux, jusqu'à ce que le mélange devienne très onctueux.

Ajouter sel, poivre, un peu de noix muscade.

Beurrer un plat à gratin à bord haut et garnir son fond de tranches de pain épaisses.

Préchauffer le four à 180 °C (th. 6).

Verser une couche épaisse de béchamel,
recouvrir d'une couche de jambon blanc,
puis d'une couche de gruyère râpé.
Renouveler l'opération autant que nécessaire
selon l'épaisseur voulue.
Terminer par une couche de béchamel qui doit
bien envelopper le tout.

Recouvrir de chapelure.

Enfourner pour 10 min, puis mettre sur la position
gril pendant 5 min, jusqu'à ce que le dessus
du fondant soit doré.

Laure Adler

Toutes les mères en même temps

Écrivaine et journaliste, Laure Adler vient de publier une belle réflexion sur le vieillissement, La Voyageuse de nuit. *À propos du goût de sa mère, elle évoque ce « maintenant » qui souvent effraie, celui du grand âge. Elle vit, raconte et analyse dans le même mouvement.*

Je prends l'histoire de ma mère à l'instant où je parle. Je lui rends visite tous les deux jours, puisque c'est ce à quoi on a droit en raison du confinement dans les Ehpad.

Je vis à son rythme. Mais ma mère aujourd'hui, c'est toutes les mères en même temps : quand je viens la voir, je ne sais jamais laquelle je vais avoir en face de moi.

Est-ce qu'elle sera la petite fille qu'elle fut avec sa propre mère ? Il est arrivé récemment qu'elle m'appelle maman.

Peut-être trouverai-je la belle jeune femme sportive de mon enfance.

Ou encore celle de mon adolescence, devenue mélancolique à son retour d'Afrique.

Voyez le vertige… Je suis dans le déchirement perpétuel entre les fantômes de ma mère et la réalité. Avec le désir pathétique que je forme intérieurement quand je me dis : ça ira mieux demain ! Pourtant, je sais très bien que cela ne peut pas aller mieux…

Ma mère est dans le grand âge et cela correspond pour elle à un assombrissement du monde. Elle me dit parfois que sa vie ne valait pas la peine d'être vécue. Je lui réponds que ce n'est pas sympa pour moi, que je suis là !

Lors de mes visites, nous avons instauré deux rituels.

Le premier s'est installé avec l'arrivée de l'hiver : on se touche. C'est elle qui l'a initié, alors qu'elle n'a jamais été très tactile. Elle me prend les mains quand j'arrive, s'étonnant à chaque fois qu'elles soient froides, puis elle les réchauffe entre les siennes.

Le deuxième rituel est de mon initiative : je lui lis les Évangiles. Ma mère a toujours été très croyante, néanmoins, depuis quelques mois, elle me confie qu'elle ne croit plus. Je la taquine en lui disant qu'elle exagère. Je lui lis quelques pages, et son visage s'illumine… Quand une phrase est belle, je la relis, elle hoche la tête, elle sourit, on discute et je sens que cela lui donne beaucoup de joie.

Ma mère est donc une infinité de mères, et je ne sais jamais à laquelle me raccorder. Elle est toutes les mères passées, parmi lesquelles celle qui faisait très bien la blanquette, un plat de retrouvailles quand la famille se reconstituait.

Et puis, elle est la mère qu'elle est en train de devenir, peut-être la plus intéressante de toutes, mais je n'en sais encore rien…

La blanquette de veau

Ingrédients pour 4 pers.

- 1,5 kg de tendrons de veau coupés en morceaux
- Beurre
- 1 os à moelle
- Vin blanc (marsannay, de préférence)
- 1 petit citron confit
- 1 jaune d'œuf
- 3 cuil. à soupe de crème fraîche
- Sel, poivre
- *Facultatif* : 1 oignon piqué d'un clou de girofle

Plonger la viande dans l'eau froide et la faire bouillir pendant 10 min.

Sortir la viande de l'eau bouillante.

Sécher la marmite, faire fondre 2 beaux morceaux de beurre puis faire revenir la viande à feu vif avec l'os à moelle (on peut aussi ajouter un oignon piqué d'un clou de girofle).

Mouiller avec du vin blanc.

Saler, poivrer.

Le secret de ma mère : en fin de cuisson, ajouter un petit citron confit, coupé en petites lamelles.

Au moment de servir, ajouter à la sauce un jaune d'œuf mélangé à la crème fraîche.

plutôt que le traditionnel riz, accompagner
d'une purée de patates douces.

David Lopez

Les chichars

David Lopez a remporté le prix du Livre Inter en 2018 pour son premier roman, Fief. *Pour le déjeuner que nous organisions, il avait choisi d'inviter ses parents chez qui il continuait d'habiter. Il venait de déménager quand je l'ai appelé pour évoquer le goût de sa mère. Il a écrit ce texte.*

D'ABORD J'AI RÉUNI les ingrédients, alignés devant moi, sur le plan de travail. Huile d'olive, oignons, ail, chorizo, haricots blancs, un cube, sel, poivre, cumin. Elle a dit que c'était facile, que je devrais y arriver sans mal, et quelque part je n'ai pas envie d'entendre ça parce que ça me plaisait, à moi, d'imaginer que ce plat de ma mère, que je chéris tant et que je suis sur le point d'apprendre à préparer, relevait d'une sorte de pouvoir magique dont elle seule disposait.

Cela fait très peu de temps que je suis parti de la maison. Les cours de cuisine c'était un serpent de mer, des mois qu'on en parlait, pour me sorte de déni, comme pour ne pas acter le départ. Ma mère n'a pas toujours été la cuisinière qu'elle est aujourd'hui. De mon enfance je retiens surtout le poisson pané dont il fallait retirer les arêtes car, disait-elle, on pouvait en mourir. Moi je m'étonnais qu'on puisse donner à son enfant de quoi abréger son existence et me suis déjà demandé s'il y avait un projet caché derrière. Au collège, je rentrais manger à la maison le midi, et j'avais souvent la mission de retourner mon steak en arrivant, posé qu'il était dans la poêle, cramé d'un côté, cru de l'autre, pendant que le sèche-cheveux se faisait entendre dans la salle de bains. À la fin elle me le servait toujours du côté le plus beau. Et puis, du jour au lendemain elle s'y est mise, jusqu'à exceller, encore que les plats mijotés restent sa spécialité, incapable qu'elle est de rester trop longtemps près des fourneaux, malgré la musique à fond dans la cuisine, parce que l'apéro, parce que la clope, parce que mon père. Elle a l'air émue, dans l'écran du téléphone, prête à superviser la cuisine de son fils. On fait semblant de rien mais nous savons tous les deux que nous nous apprêtons à couper le cordon avec une cuillère en bois.

Les « chichars » on dit. Au départ ça vient de ma grand-mère, *chicharos* c'est le mot espagnol pour « pois », ou « haricot ». Avec mon père on francise beaucoup les mots, à vrai dire ça consiste surtout à enlever la dernière voyelle. Elle a dit que je devrais utiliser soit une casserole profonde soit carrément une marmite. J'ai opté pour la marmite, ça me donne l'impression de faire quelque chose de très important, comme si j'allais nourrir tout le village avec mes chichars.

J'ai hérité d'aucun de mes deux parents un rapport extrême à la précision. Si on me demande un chemin je suis capable, à titre de repères, de préciser la nature du revêtement au sol, le nombre exact de pas à faire dans cette direction, de déterminer le trottoir sur lequel il est mieux d'avancer pour optimiser sa rencontre avec le lieu, éventuellement la direction du vent. Pour ça que, après avoir chauffé l'huile au fond de la marmite, coupé puis versé les oignons ainsi qu'une gousse d'ail, et demandé à quel moment je devais ajouter le chorizo coupé en tranches, je marque un temps et un peu fais la grimace quand elle me répond oh, dans pas trop longtemps.

Je me demande comment on peut atteindre systématiquement un résultat remarquable avec aussi peu de méthode. Quand est-ce que je mets les haricots ? Bientôt. Rajoute un peu de cumin. Mam, mon cerveau n'est pas capable de recevoir cette information, c'est quoi « un peu » ? Elle répond un peu c'est pas beaucoup. Je lui demande si, par exemple, elle fait la différence entre une pincée et une poignée, qui sont tous les deux, pour moi, « un peu ». Elle dit qu'une poignée c'est trop. Je dis d'accord, donc je mets une pincée alors, et elle dit oui, quelque chose comme ça. Je lui répète que j'ai besoin de précision, que je ne dispose ni de son instinct ni de son expérience. Ça la fait rire. Je lui demande au fait, le feu c'est comment, je dois le mettre fort ? Elle me répond non, pas trop fort, non.

Donc, les oignons ça fait bien dix minutes que je les tourne avec le chorizo et l'ail, le tout trempé dans l'huile d'olive. J'ajoute les haricots après les avoir rincés. Elle dit que c'est le moment de mettre le cube. Dans la boîte ils sont conditionnés par deux, en forme de pavé droit. Je lui dis que donc je n'en mets qu'un, elle dit non, tu mets le cube entier. Oui, c'est bien ce que je dis, mais non apparemment, manifestement on n'a pas la même définition de ce qu'est un cube, pour elle c'est un ingrédient, pour moi c'est une forme géométrique. Quand je dis donc c'est deux cubes qu'il faut mettre, et pas un seul, elle soupire, et je le connais ce soupir, c'est celui de quand je commence à être franchement relou mais qu'elle ne me le dira jamais.

Bien sûr qu'elle me manque. Sa cuisine, mais elle aussi, avec sa capacité à rire de bon cœur à mes blagues les plus nulles. Et moi aussi je lui manque, avec mes réactions enthousiastes tout à fait disproportionnées, à l'heure d'entrer dans la cuisine et tandis qu'elle s'affaire, moi retirant les couvercles et approchant le nez, ah ouais ça a de la gueule, je disais toujours. Mon père, lui, c'est par le silence qu'il valide. S'il l'ouvre c'est pour se plaindre d'un ingrédient indésirable. Alors que moi qui gesticule de partout comme si je n'avais jamais, de ma vie, mangé quelque chose d'aussi bon, et ça tous les jours, forcément, elle aimait bien.

De l'eau jusqu'à recouvrir le tout, mais pas trop non plus. Laisser mijoter. Combien de temps ? Jusqu'à ce que ce soit bon. Tu goûtes pour savoir, elle dit.

Ça, je sais faire.

David Lopez

Claude Lelouch

Guerre et cinéma

Claude Lelouch est cinéaste, il a notamment remporté la Palme d'or pour Un homme et une femme. *Sa mère Eugénie lui a transmis le goût de la vie et l'amour du cinéma, et d'autres choses encore.*

PEUT-ÊTRE QUE TOUT VIENT DE LÀ… Sa force de vie, car il a appris tôt qu'elle ne tient qu'à un fil. Sa capacité à se relever quand il tombe. L'amour du cinéma. Et peut-être même ses personnages.

Claude Lelouch a été un petit garçon juif que sa mère a caché dans un cinéma pendant la guerre.

Alger, 1942. Simon, le père de Claude, y avait mis sa famille à l'abri. Sage décision, surtout quand on est juif. Par amour pour son mari, Eugénie s'était convertie au judaïsme. Autant dire qu'il valait mieux pour elle aussi éviter de croiser des nazis. Elle décide pourtant de faire un rapide aller-retour Alger-Nice : elle ne veut pas rater l'accouchement de sa sœur ! Claude n'a pas oublié le nom du bateau, *Ville d'Alger*. Car évidemment Eugénie emmène avec elle son garçon de cinq ans.

Pendant que mère et fils sont à Nice, les Américains débarquent à Alger. Impossible de rentrer. Que faire ? Eugénie est venue en France pour quarante-huit heures, elle n'a que peu d'argent sur elle, bientôt elle n'aura plus rien. Alors elle décide de jouer tout ce qu'il lui reste au casino de Monte-Carlo, en espérant gagner. Et bien sûr elle perd…

Là-bas, elle rencontre un cousin éloigné qui l'adresse à un ami à Paris, celui-ci pourra l'aider à retourner à Alger.

Les voilà donc à Paris, rue Lauriston. L'homme en face d'elle lui explique qu'elle rejoindra Alger dans une semaine, le temps de la former au maniement d'un poste émetteur… Stupeur ! C'est à ce moment-là seulement qu'elle comprend que son cousin est un collabo, qu'elle est dans la gueule du loup, au siège de la Gestapo, que cet homme en face d'elle en est un des chefs, et qu'elle vient de tout lui raconter de leur situation !

Pas question de se muer en espionne, les voilà fuyards et recherchés par la Gestapo.

Dans le souvenir que Claude en a, comme dans le film *La vie est belle* de Roberto Benigni, sa mère a transformé la guerre en jeu pour son petit garçon. Elle lui apprend à reconnaître les uniformes allemands, à traverser la rue quand il en voit un, à se débrouiller, à prendre le métro tout seul. Mais sans jamais lui faire peur.

Pendant deux ans, ils se cachent. Elle ne peut pas mettre son fils à l'école, ils seraient repérés. Mais elle a remarqué qu'au cinéma, il se tient tranquille…

Alors elle dépose le petit Claude dans une salle obscure à 14 heures et revient le chercher à 18 heures. C'est l'époque du cinéma permanent, avec un seul ticket on peut enchaîner les séances... C'est ainsi que le cinéma lui a sauvé la vie avant de devenir sa vocation.

On imagine aisément tout ce qu'Eugénie a transmis à son fils... Il faudrait ajouter l'amour du couscous, le plat préféré de Claude. Elle avait imaginé une recette de couscous hybride pour faire plaisir à sa famille, maghrébin avec des touches normandes. Claude se souvient de sa mère roulant le grain à la main, longuement, avec du beurre doux normand, on pouvait en compter les grains tant ils se détachaient... Il était accompagné de légumes de son jardin (normand), de merguez achetées à Dives-sur-Mer et de poulet fermier, normand bien évidemment.

La recette exacte, hélas, trois fois hélas, n'a pas été notée. C'est parfois le lot des plats maternels adorés. En revanche, rien ne s'est perdu de la passion d'Eugénie pour les œufs que son fils partage, sous toutes les formes.

Faire une omelette signifierait renoncer à des œufs au plat, et inversement : pourquoi se priver de l'un d'eux ? L'inventivité n'ayant pas de limites, ainsi est née cette recette, hybride elle aussi.

L'omelette aux œufs au plat

Ingrédients

- 8 œufs
- Huile neutre ou beurre
- Sel, poivre

Casser 5 œufs, les battre en omelette avec un peu de sel.

Faire chauffer du beurre ou de l'huile dans une très grande poêle.

Verser le mélange battu dans la poêle, sans le rouler.

Comme la poêle est très grande, certains endroits ne seront pas couverts par l'omelette, il y aura des « trous ». Dès que l'omelette commence à être saisie, casser 3 œufs au plat dans les trous.

Poivrer.

Dès que le blanc des œufs au plat est saisi, ôter la poêle du feu et servir immédiatement.

Ivan Levaï

À chacun sa madeleine de Proust

C'est bien simple, tout l'intéresse, et pas seulement parce qu'il est, passionnément, un journaliste. Ivan Levaï semble vivre plus intensément que nous tous, car à l'adversité il a répondu par l'amour de la vie. Le temps qui lui a été donné avec sa mère a été court, il l'a chéri d'autant plus. Nul autre que lui ne pouvait l'écrire.

MAMAN LILI LEVAÏ est morte à Paris en mai 1941. Dès la veille de la guerre, elle avait eu la bonne idée de fermer à Budapest sa boutique de modiste pour fuir en France.

Elle avait trente-six ans. J'allais en avoir trois. Elle était « fille mère », comme on disait alors, et s'exilait seule, son bébé dans les bras. Demeuraient au royaume de Hongrie ma grand-mère Berta, mon oncle Miklos, ma tante Sari que je ne rencontrerais qu'à quarante ans, dans un pays certes débarrassé des nazis mais pas des staliniens. Hélas, aucun des miens ne sera alors en mesure d'évoquer devant moi mon géniteur viennois.

Dieu merci, Lili Levaï (prononcé Lévoï) m'a laissé en héritage son passeport, quelques photos, une timbale en argent marquée « Ivàn » et l'amour de la France. Survivant résilient, je dispose aussi d'un portefeuille de saveurs et d'odeurs qui fondent aujourd'hui encore la cuisine des Magyars. Ces descendants des hordes d'Attila. Ces barbares qui mangeaient la viande cuite sous les fesses et la selle de leurs chevaux... Ils eurent fort à faire avec notre sainte Geneviève, néanmoins j'avoue ici mon goût paradoxal pour le « steak haché à cheval » !

Mais ce sont le pain, le lait, le salami hongrois et le paprika qui régnaient en abondance dans la cuisine de ma mère. Longtemps, j'ai couru soigner déprime et nostalgie avec le saucisson friandise du pays de maman Lili. Une tranche, et hop là, retour de l'énergie. Le lait chaud au pis de la vache (surtout pas pasteurisé) aussi souvent que possible. Et la crème donc... et les pommes de terre rissolées... tant que vous voudrez ! Mais de grâce, qu'on me laisse imaginer la goulasch travaillée par les mains de maman et la carpe juive façon Lili dont les ancêtres nommés Lòwi, venus au XVIIIe siècle de Tchécoslovaquie, régalaient les leurs. Aucune tentation goulasch chez moi. Trop fibreuse la viande, trop grasse la sauce. Et pas de carpe à la juive non plus, car le goût de terre du plat s'exprime encore sous le palais.

Que de la fosse commune ou de son ciel s'il en est un, ma mère me le pardonne : je préfère désormais la cuisine française aux saveurs bouleversantes de la Mitteleuropa. À mes fourneaux, les rives du Danube me parlent encore. Piment d'Espelette ou paprika rouge de Hongrie ? Salami ou rosette lyonnaise ? Jambon de Bayonne ou porc noir de la *puszta* ? Ne cherchez pas. Si je viens d'ailleurs comme tant d'immigrés, je suis d'ici. Français de mauvaise humeur quelquefois... Assez magyar cependant pour répondre à la définition que l'on donne, à Budapest, du Hongrois : « C'est un homme qui entre derrière vous par la porte à tambour de l'hôtel-restaurant et en sort devant ! »

Trop forts, les Magyars mal élevés. Marcel Proust était plus délicat.

Ivan Levaï

François-Régis Gaudry

Langue maternelle

Critique gastronomique et journaliste, François-Régis Gaudry est aussi auteur de livres de cuisine. Et pour cette dernière activité, il travaille souvent avec Denise, sa mère.

Il lui doit l'éveil de ses papilles. Il l'a toujours connue cuisinant comme elle respire, donnant le sentiment d'un acte d'amour, naturel et qui ne sent pas l'effort. Les enfants pouvaient ne pas aimer, mais ils devaient tout goûter, c'était le pacte conclu avec eux. Et comme sa mère était professeur d'histoire-géographie, en même temps qu'elle faisait la quiche lorraine elle leur expliquait l'histoire de l'Alsace-Lorraine…

Denise vient de Corse, elle a rencontré son mari à Lyon et y est restée, faisant dans sa cuisine la jonction entre ces deux terres de bonne chère. Le père de François-Régis aimait emmener parfois sa famille dans de bons restaurants. L'adolescent est impressionné par la théâtralité du service. Père et mère ne réalisent pas l'influence que leur amour de la table a sur leur fils, jusqu'à ce que, en troisième, celui-ci veuille devenir cuisinier…

« La cuisine, c'est pour le plaisir et pour consolider l'esprit de famille ! » Une famille de la bourgeoisie lyonnaise pudique dans laquelle les recettes et les repas en commun sont un moyen de faire circuler les sentiments. Mais de là à en faire un métier, pas question ! Ses parents le voient normalien, il fera Sciences Po à Paris.

Comme tous les jeunes, il est content de prendre son envol, avec tout de même une pointe de nostalgie. La cuisine fait office de trait d'union, il appelle régulièrement sa mère pour lui demander des recettes, dont celle de la soupe de cresson, grand plat de son enfance.

Il n'y aura pas de schisme dans la famille, c'est en garçon diplômé qu'il arrivera à rejoindre ses premières amours par un moyen détourné, en devenant critique gastronomique. Preuve en est : quand on lui propose de diriger une collection de livres de cuisine, il fait appel à sa mère.

« Tu fais travailler ta mère ! » lui disent les copains, ébahis. C'est en effet plutôt rare. Denise joue le jeu, elle l'aide, elle en est fière. Il la lance sur des défis comme trouver la plus belle recette de coq au riesling.

Qui est le patron ? Pour les livres, c'est lui ; devant les fourneaux, c'est elle. Et ainsi, il *garde* sa mère comme elle était il y a trente ans…

Ils ont leur langue commune.

Dans les souvenirs d'adolescence de François-Régis, quand certains associent leurs seize ans à leur premier deux-roues, lui évoque le gratin dauphinois de sa mère, déjà excellent, qu'elle avait décidé cette année-là de garnir de cèpes bien frais, achetés quai des Célestins, à Lyon…

Le gratin dauphinois aux cèpes

Ingrédients

- 300-400 g de cèpes
- Quelques brins de persil
- 1 gousse d'ail
- 40 g de beurre
- 1 kg de pommes de terre à chair ferme
- Noix muscade à râper
- 80 cl de crème
- Sel, poivre du moulin

Nettoyer les cèpes sans les laver. Les émincer.

Laver le persil, peler une ½ gousse d'ail et hacher le tout finement.

Dans une cocotte, faire revenir les cèpes dans une généreuse noix de beurre en remuant souvent, pendant 10 min environ. Il ne doit plus rester d'eau de végétation. Ajouter la persillade. Saler, poivrer, réserver.

Éplucher, laver et essuyer les pommes de terre. Les couper en fines rondelles. Assaisonner d'une pincée de sel, quelques tours de poivre du moulin, quelques râpées de noix muscade et bien mélanger. Préchauffer le four à 180 °C (th. 6).

Beurrer un plat à gratin à bords hauts, frotter la ½ gousse d'ail restante.

Mettre une couche de pommes de terre (un tiers environ), la moitié des cèpes, un autre tiers de pommes de terre, le reste des cèpes et des pommes de terre. Verser la crème et parsemer de noisettes de beurre.

Enfourner pour 1 h à 1h15.

Paguy Shako

Le complexe du poulet

Paguy Shako s'apprête à créer son entreprise. Il a été juré du prix du Livre Inter. Dans sa lettre de candidature, il faisait allusion à sa mère – c'était bref mais fort. Il nous a offert ce texte.

MARIANNE, symbole de la République pour certains, et pour moi, juste le prénom de ma mère, un océan d'amour dans une vie agitée.

Ma mère n'a jamais eu le sens des proportions. Que l'on soit deux ou six à table, elle avait pris pour habitude de préparer en guise de repas de véritables banquets. La cuisine s'annonçait souvent à moi depuis les escaliers menant à son appartement exigu, situé sur l'avenue du Président-Wilson à la Plaine-Saint-Denis. Si ce même président, dont elle n'avait jamais rien su à part le nom, s'était invité à manger chez nous, elle lui aurait préparé, sans aucun doute, du poulet. Oubliez le poulet traditionnel que vous allez chercher en barquette, corseté et épinglé façon supermarché. Non, ici, mon souvenir le plus marquant de sa cuisine s'incarne dans un véritable poulet qui m'accueillit une fin d'après-midi d'été 1990.

Dans cet espace de moins de treize mètres carrés, au cinquième étage sans ascenseur, un poulet attendait la sentence irrévocable du Jugement dernier. J'étais à peine âgé de dix ans, ma seule expérience des poules se résumait à celles qui gambadaient dans la maison de ma famille d'accueil depuis la ville paisible de Ploërmel. À contrecœur elle m'y avait envoyé, pour m'offrir les chances d'une vie meilleure que sa condition de mère sans papiers et les rues mal réputées de Saint-Denis m'auraient refusé. Là-bas les poules vivaient grand train, plus d'un hectare s'offrait à elles pour leur exercice de picore quotidien. La seule chose que j'étais autorisé à prendre d'elles, c'était le fruit de leur ponte quotidienne. Un panier d'œufs.

Les temps avaient changé. Contenue dans une cagette à peine plus grande qu'elle-même, une poule patientait. Quoi, c'est pour quoi faire ce poulet en cage ? Pour le cuisiner, imbécile ! Ma mère disait « imbécile » comme d'autres auraient dit à leur progéniture « chaton » ou « mon chéri ». Je tentai de plaider la cause de ce poulet que je pris en pitié. Mes mots résonnèrent dans un violon et mes larmes ne la firent pas changer d'avis. Elle allait le cuisiner et pas plus tard qu'aujourd'hui même. J'étais horrifié. Elle demeura intraitable. Je lui fis la promesse que moi vivant, je ne toucherai ni ne goûterai à ce poulet. Qu'à cela ne tienne, on amena la bête à la potence. D'un geste habile, précis, ma mère ouvrit la cagette et la chopa. La poule se retrouva en position inversée. Tête en bas et pattes à l'air.

Sentant l'arnaque venir, elle fit mine de lutter. La bataille était perdue d'avance. Je me calfeutrai dans le canapé. Tout espoir de clémence était sans appel. Dans ma position de recroquevillé, je ne pouvais détourner mon regard de l'inéluctable. Pourtant le spectacle m'était difficilement soutenable. Ma mère plaqua le condamné contre une grande bassine sur laquelle elle avait adossé une planche en bois. De sa main libre, elle se saisit d'un couteau de cuisine. La guillotine s'abattit. Le geste rapide et sans rature trancha la tête du poulet. Le sang rouge vif gicla dans la bassine. Le poulet se rua dans tous les sens avant de comprendre qu'il n'avait plus de tête et d'accepter sa condition. Une grande marmite d'eau chaude l'attendait en guise de cure post-thermale. Elle l'y plongea entièrement et le laissa à son sort bouillir sans autre forme de procès. Après quelques minutes, elle extirpa l'ébouillanté pour le plumer. L'éviscérer. Lui trancher les pattes. Le démembrer. L'assaisonner en entaillant sa chair pour y glisser une concoction d'épices et d'huile qu'elle avait préparée au préalable. Elle y ajouta tomates, oignons, couronnes de laurier, eau, sel et poivre. Le tout fut mis à cuire dans une marmite durant une quarantaine de minutes. Elle me servit feu le poulet avec du riz long parfumé pour l'occasion. Lorsqu'elle me tendit une assiette, non sans le sourire espiègle de celle qui s'apprête à jouer un drôle de tour, bien qu'affamé je refusai en première instance de manger le poulet. Je ne mangeai que le riz et la délicieuse sauce tomate qui l'accompagnait. La faim a ses raisons que les nobles principes ignorent. Je décidai de goûter et je fus sur-le-champ transporté au panthéon du goût.

Aujourd'hui devenu non-mangeur de viande, j'ai souvent une pensée émue pour ma mère qui fut la seule personne au monde à générer de l'adoration et du dégoût pour un plat. Qu'elle sache, là où elle repose en paix, que si je suis devenu végétarien, ce n'est pas par principes moraux mais parce que je sais que je ne retrouverai jamais plus la puissance de la promesse culinaire ni le miracle gustatif qu'elle seule était en mesure de réaliser.

Paguy Shako

Le poulet sauce Marianne

Ingrédients

- 1 poulet entier fermier
- 1 branche de céleri
- 1 noix muscade
- 3 feuilles de laurier
- 5 tomates pelées
- ½ cuil. à soupe de concentré de tomate
- 2 oignons
- ½ gousse d'ail
- Huile
- Sel, poivre

Éviscérer et découper le poulet en morceaux.

Les plonger dans une casserole remplie d'eau à mi-hauteur avec la branche de céleri, la muscade et le laurier.

Laisser cuire à feu moyen durant 40 min sans couvrir et vérifier régulièrement la cuisson.

Une fois le temps écoulé, égoutter le poulet et réserver le bouillon et le céleri.

Dans une poêle chaude, faire revenir le poulet à feu vif (attention aux éclats d'huile chaude), le griller jusqu'à ce que la peau soit croustillante et retourner les morceaux régulièrement. Les remettre dans la casserole de bouillon.

Mixer les tomates avec le concentré de tomate.

Émincer les oignons et les faire revenir 5 min dans la poêle avec de l'huile, du sel et du poivre, puis ajouter la moitié d'une gousse d'ail pressée.

Ajouter dans la casserole du poulet la sauce tomate, les oignons et le céleri coupé en morceaux. Si nécessaire, remettre un peu d'eau et laisser mijoter le tout durant 30 min à couvert.

Prolonger la cuisson au besoin jusqu'à ce que la sauce épaississe, que la sauce ait une belle robe rouge.

Servir avec l'accompagnement de votre choix : un plat de riz ou de pommes de terre, ou même des pâtes.

Le goût de ma mère

Une enfance de conte

Ma mère était une conteuse-née. Lorsque ses six petits-enfants formaient un chœur rieur autour d'elle, elle déployait tout son charme pour faire le récit de son enfance dans la médina de Marrakech. Ils connaissaient déjà ses histoires, ils les adoraient, et la répétition faisait partie du rituel. Elle ne surjouait pas, elle parlait mezzo voce. *Sur le ton de la confidence, elle semblait revivre ce qu'elle décrivait…*

Elle leur parle d'un temps où les riads ne sont pas encore à la mode, où ces maisons aux fenêtres étroites qui protègent de la chaleur accablante de l'été deviennent terriblement froides en hiver car, dans les années 1930, il n'y a ni chauffage central ni électricité. Et c'est ici, dans le quartier juif de Marrakech, que vivent des familles modestes sans être pauvres, des familles qui se connaissent depuis des générations et, parmi elles, une mère et ses trois petites filles…

Enfant, elle déteste l'heure entre chien et loup, quand, l'hiver, la nuit tombe sur des ruelles mal éclairées et que ses sœurs et elle reviennent de l'école de l'Alliance israélite universelle. Elle a toujours cette reconnaissance pour l'institution éducative et émancipatrice qui lui a appris les droits humains et la littérature française. Le couplet est obligatoire et le ton enflammé, il faut rappeler aux enfants que l'école est une chance…

Leur famille occupe une grande maison traditionnelle bâtie autour d'un patio, aux murs recouverts jusqu'au tiers de zelliges – ces carrelages marocains devenus eux aussi en vogue.

Depuis que leur père est mort, la vie est devenue plus difficile. Esther, leur mère, qui n'a jamais travaillé, est devenue couturière à domicile ; elle gagne sa vie grâce à sa machine à coudre Singer.

Il y a ses sœurs.

L'aînée, si jolie et si fragile, qui a passé des mois à l'hôpital, des mois de veille et d'angoisse. Rachel, heureusement, a guéri. Moment d'émotion.

Il y a aussi Marie, la plus jeune, la forte tête, celle qui un jour s'est rasé les cheveux à cause d'un pari, au grand dam de sa mère. L'histoire, chaque fois, provoque des rires…

D'elle-même, Georgette dit qu'elle était « l'enfant du milieu ». Et chaque fois, chaque fois qu'elle évoque sa mère adorée, on sait qu'à un moment sa voix va trembler.

Cette enfance pourrait être décrite avec des accents sombres mais ma mère la raconte avec le merveilleux des contes. Pas de doute, elle sait tenir son public : la machine à coudre manuelle, avec son volant sur le côté que sa mère tourne à toute vitesse, les trois sœurs qui font leurs devoirs à la lumière de la lampe à pétrole, le plat qui mijote au-dessus du charbon de bois…

Certains jours, c'est la salade de tomates cuites qui se prépare, celle que ses petits-enfants aiment tant, au point que, des décennies plus tard, un Tupperware rempli d'une substance rouge, inspecté par des douaniers plutôt perplexes, traversera les océans jusqu'à Kuala Lumpur pour régaler un de ses petits-fils… Cette salade que les trois sœurs mangeaient, au cœur de la médina, avec du pain maison parfumé aux graines d'anis.

Les contes ont une morale. Et les enfants de tous âges qui l'écoutent ne s'y trompent pas : elle leur raconte une enfance heureuse. Même les épisodes tristes ne servent qu'à mettre en lumière l'essentiel : elles ont été trois petites filles aimées.

E. B.

La salade de tomates cuites

Ingrédients

- 4 poivrons rouges
- 2 poivrons verts
- 5 à 6 kg de grosses tomates (allongées ou à chair), mûres mais pas molles
- 2 ou 3 gousses d'ail
- 3 ou 4 cuil. à soupe d'huile neutre (pas d'huile d'olive)
- Sel

Mettre les poivrons au four sur la position gril. Dès qu'ils ont assez noirci, les sortir du four (il ne faut pas que leur chair soit noire).

Les placer dans un sac plastique, le fermer, laisser refroidir. Cela va rendre plus facile l'épluchage et le nettoyage. Retirer la peau brûlée, les graines, puis rincer et sécher.

Peler et épépiner les tomates. Les couper en morceaux assez gros. Les mettre dans la marmite à feu vif. Ajouter 2 cuil. à soupe d'huile et 1 ou 2 gousses d'ail coupées en gros morceaux. Saler déjà un peu (on rectifiera à la fin).

Au fur et à mesure que les poivrons sont prêts, les couper en morceaux de 2 cm environ et les ajouter dans la marmite de tomates.

Baisser le feu, ne pas couvrir.

Remuer de temps en temps à la cuillère en bois, délicatement et sans écraser les tomates.

Ajouter le reste d'huile.

Laisser le jus de tomate s'évaporer à petit feu et confire.

Éteindre, laisser reposer et rallumer. D'abord, parce que c'est long : 2 h pour quelques kilos de tomates (5 kg de tomates donneront un petit saladier) ; des heures et des heures quand on fait de grandes quantités. Ensuite, parce que c'est meilleur.

Saler (pas de poivre).

Ajouter éventuellement la dernière gousse d'ail coupée en deux, voire plus selon les goûts.

Laisser encore réduire.

Surveiller la couleur : ça doit être bien rouge tout en étant confit.

Cette salade se mange froide ou tiède.

Noémie Lvovsky

Roméo et Juliette

Que Noémie Lvovsky joue ou réalise, la pellicule avec elle semble vibrer d'un supplément d'humanité. Elle a dédié trois de ses films à sa mère.

IL Y A L'AMOUR et il y a la passion... Après la mort prématurée de sa femme, le père de Noémie lui a dit un jour en souriant, et au présent : « Toi, tu as une passion pour ta mère. »

Dans *Demain et tous les autres jours*, Noémie Lvovsky met en scène l'amour entre une petite fille de neuf ans et sa mère. Elle a voulu raconter cette histoire comme elle aurait raconté une passion amoureuse, *Roméo et Juliette*. Une mère – quel mot employer ? –... fragile psychologiquement. Le cinéma permet de mentir vrai, de mêler des péripéties inventées et des sentiments authentiques.

C'est le regard des autres quand elle était petite qui lui signifiait cette fragilité maternelle. Elle ne la ressentait pas, sa mère était son monde ; que les repas ne soient composés que de semoule au lait et jamais à heures fixes était pour elle la norme. Et ce n'était rien à côté d'un si grand amour.

C'est ainsi que ses films sont traversés de mères aimées, avec, indissociable, le sentiment de perte, même quand la mère est là, vivante, comme si la perte était inhérente à la figure maternelle. Peut-être est-ce là le cœur secret de son cinéma, et c'est bouleversant.

Noémie n'a pas l'égocentrisme des enfants, y compris des vieux enfants que nous devenons, qui dans cette femme qu'est leur mère ne veulent voir que cet aspect. Elle admet que ses parents n'étaient pas protecteurs ou sécurisants, pas de « bons parents », au sens où l'on entend habituellement, mais elle est fière, pleine de gratitude et d'amour pour les personnes passionnantes, intelligentes et libres qu'ils étaient.

Elle a toujours été sous le charme de sa mère, sa voix, son regard, sa douceur, son insolence et son mystère. Pas de sa cuisine… Mais était-ce si important ? C'est elle, Noémie, l'enfant, qui, après le départ de sa mère, s'est mise à cuisiner, et cela a fait partie de leur histoire. Elle l'a perfectionnée avec le temps, mais la soupe qu'elle fait aujourd'hui est la même que celle qu'elle préparait à dix ans, petite fille aux fourneaux.

La soupe de Noémie

Les proportions sont indiquées pour une immense marmite de soupe, pour une grande tablée ou pour se nourrir à quelques-uns pendant plusieurs jours. On peut aussi diviser les quantités, l'essentiel étant d'avoir le même nombre de chaque légume.

Ingrédients

- 1 verre ½ de haricots secs
- 6 oignons
- Ail
- Herbes de Provence
- 1 morceau de sucre
- 5 carottes
- 5 navets
- 5 poireaux
- 400 g de lard fumé ou bœuf ou poulet
- 600 g de chou ou céleri-rave
- 5 pommes de terre
- Crème fraîche
- Persil
- Huile d'olive
- Beurre
- Sel, poivre

La veille, faire tremper les haricots secs.

Faire revenir les oignons et l'ail dans de l'huile d'olive et du beurre. Saler, poivrer. Ajouter des herbes de Provence et le morceau de sucre.

Ajouter les carottes coupées en fines rondelles. Laisser mijoter.

Ajouter les navets et les poireaux. Laisser encore mijoter.

Ajouter le lard fumé découpé en morceaux (il peut être remplacé par du poulet ou du bœuf).

Ajouter le chou ou le céleri.

Ajouter les pommes de terre.

Couvrir d'eau et cuire de 1 h à 1h30, couvercle mis à moitié.

Pendant ce temps, cuire à l'eau les haricots secs trempés depuis la veille. Quand ils sont cuits, ajouter un peu de beurre et d'huile d'olive. Saler, poivrer. Les ajouter à la soupe.

Poursuivre la cuisson (prévoir 2h30 en tout).

Juste avant de servir, hors du feu, ajouter un peu de crème fraîche et de persil.

François Morel

La langue de Toto

François Morel est acteur, humoriste, chroniqueur radio, et d'autres choses encore. Le connaissant, on ne s'étonnera pas que, à l'évocation du goût de sa mère, ses pensées et son texte aillent d'abord vers Toto…

QUAND ON SERT À L'ENFANT de la macreuse ou de l'araignée, de la hampe, du gîte ou du paleron, les mots sont suffisamment abstraits pour qu'il ne soit pas obligé de faire le rapprochement avec Toto, belle bête de six cent cinquante kilos, qui passe son temps indolemment près d'une baignoire émaillée dans un champ bordé de haies et d'arbres hauts.

Mais quand on lui propose de la langue de bœuf, l'enfant, qui n'a pas la sienne dans la poche, pousse des grands cris, traite ses parents de sadiques, de pervers, de tortionnaires et refuse de mettre (ne serait-ce qu'une bouchée) la langue d'un congénère de Toto sur sa langue à lui. Dans une association d'idées immédiate et terrorisante, l'enfant pense qu'il n'aimerait pas beaucoup que quelqu'un puisse avoir l'idée de manger sa langue. Il faut dire qu'il y tient, à sa langue, comme à la prunelle de ses yeux. Aurait-on idée de déguster la prunelle de ses yeux ?

On peut comprendre l'enfant. La langue est un organe que partage une grande partie des êtres vivants. Mais pas tous. Si les huîtres et les bigorneaux étaient pourvus de langues, peut-être en mangerions-nous moins. Si la principauté de Monaco était située dans le bocage normand, quelque part entre Briouze et Montilly (ce qui, si vous voulez mon avis, n'est pas près d'arriver), la princesse Stéphanie, admirant la force tranquille des bovins, aurait pu soutenir que les bœufs étaient des êtres humains comme les autres.

Je m'égare.

La langue de bœuf sauce piquante de maman était la meilleure qui soit. Je l'ai compris en grandissant. Elle était essentiellement présentée les jours de fête, par exemple de communion solennelle de ma sœur. Quand on était trop nombreux pour manger dans la salle principale, on dressait la table à tréteaux dans le garage et on recouvrait les murs de grands draps blancs pour cacher peut-être pas la misère mais le salpêtre.

Je m'égare encore.

La langue de bœuf sauce piquante de maman était servie après l'entrée mais avant la viande. Elle fondait dans la bouche. Mélange de douceur et d'acidulé, de moelleux et de pimenté. Le lendemain, on la réchauffait, et elle était encore meilleure. On la servait alors avec des pommes de terre cuites à l'eau.

La recette de maman se faisait avec une cocotte-minute. La modernité libérait la femme moderne.

Surtout que la recette pouvait se commencer la veille. Pour toi, maman, je voudrais que jamais ne s'arrête le progrès.

François Morel

La langue de bœuf sauce piquante

Ingrédients
- 1 langue de bœuf
- 3 oignons
- 2 ou 3 carottes
- 1 clou de girofle
- 1 bouquet garni
- Cornichons
- Persil
- Vinaigre
- Sel, poivre
- Pour le roux blond : beurre et farine

Bien laver la langue à l'eau froide avec un peu de vinaigre.

La mettre dans la cocotte-minute avec les oignons, les carottes, le clou de girofle, le bouquet garni, un petit verre de vinaigre. Saler et poivrer.

Fermer la cocotte-minute, laisser cuire doucement environ 1 h à partir du chuchotement.

Enlever la soupape pour faire tomber la vapeur, puis ouvrir et enlever la langue, l'égoutter et enlever la peau quand la langue est encore chaude.

Conserver le bouillon.

On peut faire tout cela la veille.

Le lendemain, couper la langue en tranches.

Puis, dans une cocotte, faire un roux blond, ajouter une cuillerée de farine, remuer avec une cuillère en bois, ajouter un bol de bouillon, quelques cornichons, quelques carottes du bouillon coupées en tranches, goûter pour voir si c'est assez vinaigré.

Ajouter les tranches de langue.

Laisser mijoter jusqu'au moment de servir.

Servir bien chaud.

Garnir le plat de service d'un peu de persil.

Geneviève Brisac

Il est interdit d'aller en cuisine

Il y a plusieurs années, je travaillais déjà à ce qui deviendrait Le goût de nos mères. *La sensibilité de Geneviève Brisac dans ses livres comme dans la vie a fait qu'elle a été le premier écrivain vers qui je me suis alors tournée. Cela lui avait inspiré un texte.*

L'APPEL D'EVA m'avait touché. J'avais écrit « Le cours de cuisine » sans hésiter, par amitié, tout en lui disant que la cuisine n'était pas mon point fort.

Et puis des années plus tard, j'ai compris ce que j'avais écrit, et je l'en remercie.

*

Préambule

Comment parler du goût de sa mère quand on a été une petite fille qui n'avait pas le droit d'aller dans la cuisine ? Une fille au passé barré de silence. Une fille qui essayait d'être comme les autres – avec une mère normale, qui fait des tartes et des soupes.

Une fille qui n'y arrivait guère.

J'aurais rêvé d'un texte aux parfums de safran et de fenugrec, un texte rempli de baklavas dégoulinant de miel attique, de moussakas moelleuses. Il y aurait eu des beureks, des molossols juifs, de la poutargue, du tarama maison. Du vin de Géorgie.

Mais où trouver ces trésors quand on ne sait même pas qu'ils existent, dans une maison froide où la nourriture n'a pas droit de cité ? « Il faut manger pour vivre et non pas vivre pour manger », dit mon père, et surtout être comme tout le monde, la cuisinière fait du poulet le dimanche, des soupes de poireaux, comme dans les autres maisons, des choses qui ne sentent rien.

Des plats sans parfum.

C'est l'idée – fausse – que la cuisinière et mon père se font de la cuisine.

Quant à ma mère, elle ne s'en mêle pas.

Alors la leçon de cuisine, je l'ai cherchée à l'école.

Le cours de cuisine

Un jour, j'ai douze ans, mes parents m'inscrivent au cours de cuisine du lycée.

Parce que je ne sais rien faire.

Chez nous, les enfants n'ont pas le droit d'aller dans la cuisine. C'est un endroit qui me fait peur, tout au bout d'un couloir tortueux et sombre.

Je ne désobéis jamais.

« Un jour tu devras faire à manger », a dit quelqu'un. « À ta famille, a dit quelqu'un. À tes enfants. »

Je n'aurai jamais d'enfants, j'en suis certaine, mais je ne dis rien. Je vais au cours, c'est le jeudi après-midi à 15 heures.

Le cours de cuisine a lieu en salle de chimie. Il fait très froid. Sur les paillasses en carrelage blanc nous étalons le matériel.

On prépare du poisson avec du riz, je m'en souviens comme si c'était aujourd'hui.

Il faut passer le poisson dans de la farine et faire cuire le riz.

Ce n'est pas très amusant. Ensuite on mange ce qu'on a préparé. C'est blanc, aqueux et très moche.

À 4 heures, le poisson-riz est impossible à avaler. J'ai mal au cœur. Le riz est dur, le poisson mou, ce n'est pas salé.

Je croyais que la cuisine c'était une sorte de magie (et que c'était pourquoi la cuisine, lieu de sorcellerie, m'était interdite).

Je suis très déçue. Je jette le plat qu'on doit normalement rapporter à la maison.

« Je n'aurai jamais d'enfants et en plus je ne ferai jamais la cuisine », me dis-je en cherchant la salle du cours de russe, qui est le jeudi à 18 heures.

Le cours de russe, justement, est un endroit très chaud, j'adore cette langue colorée, il y a des tapis aux murs, on chante des choses magnifiques. Mme Commeau me nomme Jénia. Elle me fait lire *Vassilissa Prekrasnaïa*, et *Premier Amour* de Tourgueniev.

Un jour je saurai faire le bortch, les pielmenis, les blinis, le gâteau au fromage même.

La cuisine passe par l'amour.

*

Comment ai-je eu l'idée de parler de pielmenis russes, à la place de beureks arméniens ?

Comment ai-je compris que la langue pouvait remplacer la cuisine ?

L'écrivain, disait Karen Blixen, est comme un caféier stérile, il ne donne pas de café, seulement des fleurs blanches, qui sont la marque de sa différence.

Geneviève Brisac

Le veau Stroganoff

Ma mère était écrivaine, alors elle faisait des recettes avec des mots (mais rien d'autre).

Il y avait par exemple le veau Stroganoff.

Elle prenait un fort accent balkanique, entre le russe et le grec, et elle disait :

« *Veau Stroganoff*, c'est comme *bœuf Stroganoff*, mais *veau.* »

Et c'était réglé.

Il y avait aussi les kefte.

Elle n'en faisait jamais, mais elle en parlait beaucoup.

« C'est la meilleure chose du monde, disait-elle. Les kefte. Tu vois, tu prends ta viande hachée et puis tu la roules en boulettes. La viande, la farine, tu pétris dans tes mains. »

« Mais qu'est-ce qu'on ajoute, maman ? »

« Ce que tu veux, bien sûr. Les kefte, on y met ce qu'on veut. »

Et elle se mettait à parler d'autre chose.

Je n'ai rien su de plus.

Mais ma mère a quand même inventé une recette, un plat. Son plat préféré des dernières années : le croissant avec une bière.

Rachel Kahn

Jaïja, reine en sa cuisine

Rachel Kahn est réalisatrice et productrice de télévision. Nous ne nous connaissions pas, mais quand plusieurs personnes vous disent : « La cuisine de sa mère… celui qui l'a goûtée ne l'oublie jamais… », alors vous téléphonez ! Elle nous a offert ce texte.

MA MÈRE EST MORTE l'hiver dernier. Elle avait quatre-vingt-quinze ans.
Elle est partie paisiblement, entourée de sa famille, le jour anniversaire de la disparition de mon père.

Femme d'un autre temps, Jaïja – déclinaison de son prénom, Aicha – n'avait d'autre ambition que celle d'être une bonne mère et une bonne épouse. Mais depuis son royaume – une cuisine de seize mètres carrés – elle était devenue, à son insu, une reine. La reine des goûts et des saveurs, l'alchimiste de la succulente cuisine judéo-marocaine importée en France par les déracinés d'Afrique du Nord.

Ma mère élaborait à l'instinct, sans recettes ni dosages, une gastronomie de haut vol dont elle découvrit le pouvoir d'abord grâce à nos voisins.

Offensée par leur hostilité à notre installation dans leur immeuble bourgeois, elle qui n'aspirait qu'à se fondre sans bruit parmi eux répondit à leur rejet à sa manière : en déposant devant leurs portes des paniers garnis de quelques-unes de ses préparations – pains dorés, gâteaux à la pâte d'amande, boulettes de poisson à la coriandre, salades colorées et parfumées, mets divers qui fleuraient la ronde des épices ou l'eau de fleur d'oranger. Devenues ses meilleures propagandistes, nos voisines prenaient leurs aises dans sa cuisine et s'initiaient auprès d'elle à la préparation d'un tajine ou d'une chorba.

Mes parents avaient quitté Colomb-Béchar, leur village saharien, en 1962 pour s'installer avec leurs cinq enfants dans le Marais, le quartier juif de la capitale. Mon père, rabbin, officiait dans une petite « syna » proche de notre appartement sis 9 rue du Trésor, paisible impasse du IVe arrondissement promue, depuis, haut lieu du consumérisme bobo.

Notre maison s'accommodait du métissage des trois cultures dont nous étions issus : la juive, l'arabe, la française.

Nous, nous prenions notre essor vers ce nouveau monde, si prometteur. Mon père puisait dans l'étude des textes bibliques la force d'accepter l'éloignement irrémédiable de la religion juive par ses aînés. Ma mère, qui interpellait Dieu pour un oui pour un non, espérait de Lui le miracle qui les ramènerait à la raison. Tout en s'inventant une intégration à sa sauce. Émaillant son français d'incantations juives et d'expressions arabes, fredonnant Charles Aznavour mais se grisant des mélopées en arabe qui l'ont accompagnée jusqu'aux derniers instants de sa vie.

Pendant soixante ans, la rue du Trésor fut un creuset, un lieu où se sont croisées des centaines de personnes, toutes origines, toutes générations et toutes religions confondues. Ceux qui avaient trouvé table ouverte chez nous se remémoraient avec délectation la cuisine de Jaïja et n'hésitaient jamais à faire un détour pour la savourer encore. Autour de ses plats concoctés, ils se sont découverts, écoutés, ouverts les uns aux autres, parfois fâchés, souvent réconciliés. Mais toujours respectés. Ainsi allait la vie chez nous, joyeuse, gourmande, passionnelle, tolérante.

À l'image de cette France plurielle qui nous a accueillis et qui a fait de nous des citoyens libres de leurs croyances, dans le respect de celles des autres.

Rachel Kahn

Le poulet aux abricots caramélisés, amandes et fleur d'oranger

La marinade de ce tajine sucré-salé se prépare la veille.

Ingrédients

- 1 poulet fermier entier
- Épices moulues : cardamome, gingembre, curcuma
- 2 oignons
- 1 gousse d'ail
- Bâton de cannelle
- 150 g d'abricots secs
- Miel
- Fleur d'oranger
- Coriandre fraîche
- Amandes émondées et grillées
- Huile d'olive
- Sel, poivre

La veille

Dans un bol, mélanger l'ensemble des ingrédients de la marinade : 3 cuil. à soupe d'huile d'olive, cardamome, gingembre, curcuma, sel, poivre.

Découper et enduire le poulet de cette préparation et placer le tout au réfrigérateur pour la nuit.

Le jour même

Faire chauffer de l'huile d'olive dans une cocotte ou un plat à tajine, y faire revenir les oignons ciselés avec la gousse d'ail, un bâton de cannelle et de la cardamome.

Une fois les oignons blondis, ajouter le poulet mariné qu'il faut faire revenir sur toutes ses faces environ 10 min avec un peu des trois épices. Saler, poivrer. Retirer l'ail et ajouter 2 verres d'eau bouillante, couvrir et laisser cuire 50 à 60 min.

5 à 10 min avant d'éteindre le feu, ajouter la coriandre ciselée.

Pendant la cuisson du poulet, préparer les abricots secs : dans une casserole, porter de l'eau à ébullition et y faire cuire les abricots secs pendant 10 min.

Égoutter les abricots puis les replacer dans la casserole. Ajouter le miel, la fleur d'oranger, faire revenir 3 min de chaque côté, de manière à les caraméliser.

Au moment de servir, placer la sauce au fond du plat à tajine, disposer les morceaux de poulet, garnir tout autour d'abricots caramélisés et parsemer d'amandes.

Sylvie Delassus

Mamette

Sylvie Delassus est mon éditrice. Sans ses encouragements, je n'aurais pas osé m'atteler à la rédaction de ce livre. Elle a accepté de quitter ce rôle-là pour être, elle aussi, une fille de sa mère qui se souvient et qui, peut-être, a tremblé en écrivant ce texte.

MA MÈRE EST MORTE deux fois. Elle a disparu le 9 décembre 2019, à l'âge de quatre-vingt-quatorze ans. Mais elle nous avait déjà quittés quelques années plus tôt, quand Alzheimer l'avait happée. Dans ce gouffre, tout s'est englouti, les noms, les souvenirs, les visages, les conversations, les rires, l'amour et, au passage, ses légendaires recettes. Au chagrin de n'être plus la « Petite » de personne s'est ajouté le regret de ne pas avoir parlé plus avec elle, avant, quand elle était encore la douce et vive Mamette dont la vie gravitait autour de nous, ses enfants et petits-enfants.

Je suis née dans un pays de cocagne, au sud de la Normandie, à la jonction des champs et des vagues. Jeunes mariés, mes parents avaient quitté le Pas-de-Calais pour s'installer dans cette baie du Mont-Saint-Michel où se mêlent les odeurs de l'iode et de l'herbe des prés, le parfum de mon enfance. Un pays de terre et de mer, de pêche et d'élevage, de terroir et de grand large.

Ma mère avait su tirer parti des richesses locales pour les accommoder à sa façon. Fine cuisinière, elle était sévère pour les Normands qui, disait-elle, noyaient tous leurs plats dans le beurre et la crème fraîche. Dans les années 1960, dans ce coin de campagne, la cuisine à l'huile d'olive était une hérésie, une idée de « horsain ». À la tradition bien enracinée, ma mère, audacieuse, opposait l'exotisme des zarzuelas, des paellas et des tajines. Dans cette vie réglée, ce fut son incartade, sa déclaration d'indépendance.

Parmi mes amis, elle avait gagné la célébrité pour ses extraordinaires pâtés, ses crumbles au coulis de framboises du jardin de mon père, ses gelées de pomme à l'écume parfumée, ses conserves de « petit rose », un champignon des prés qu'elle ramassait dans des coins secrets.

Plus tard, quand je revenais chez mes parents avec mes enfants, l'odeur de sa tarte aux pommes nous accueillait dès l'entrée, comme le signal du retour au bercail. Grand-mère à mon tour, je mesure combien d'amour elle y avait mis. Je n'ai jamais réussi à refaire sa pâte feuilletée si légère. Je crois que son secret c'était d'y ajouter la peau du lait et aussi la patience, que je n'ai pas, pour plier et replier mille fois la pâte.

Et puis un jour, elle a raté son fameux cake aux fruits confits, son coulis de framboises a pris un bizarre goût de brûlé, sa mythique pintade aux pommes et calva était affreusement salée. Petit à petit, dans sa cuisine en Formica, elle oubliait les gestes faits et refaits sans faillir depuis plus de soixante ans. Je n'ai pas voulu l'admettre, je n'ai pas voulu le voir. Mais il était trop tard. Sa mémoire s'était enfuie et, avec elle, dans la cruauté du temps, le goût de ma mère.

Sylvie Delassus

La pintade aux pommes, raisins secs et calva

Ingrédients

- 1 belle pintade fermière (avec foie et gésier pour la farce)
- 4 à 6 pommes
- 100 g de chair à saucisse
- Quelques brins de persil
- 1 poignée de raisins secs
- 1 verre ½ de calva
- 1 petit bocal de marrons
- Beurre
- Huile
- Sel, poivre

Mettre à tremper les raisins secs pendant 1 h dans une tasse avec moitié eau moitié calva (un ½ verre environ).

Éplucher les pommes et les couper en gros quartiers.

Préchauffer le four à 180 °C (th. 6).

Mixer ensemble le foie, le gésier, la chair à saucisse, le persil.

Ajouter à la farce une ½ pomme coupée en très petits morceaux. Égoutter les raisins secs, en réservant leur jus, et les ajouter. Saler, poivrer.

Farcir la pintade avec cette préparation et bien la refermer en croisant les pattes.

Faire revenir la pintade avec moitié beurre moitié huile dans une cocotte.

Saler, poivrer.

Quand elle est bien chaude, écarter la cocotte du feu. Arroser la pintade de calva et flamber sur tous ses côtés.

Refermer la cocotte et la mettre au four pour 1 h à 1 h 30 (selon le poids de la pintade).

Après 30 min de cuisson, ajouter les pommes avec les marrons et le jus de la marinade des raisins secs.

Arroser régulièrement la pintade avec son jus pendant toute la cuisson.

Sami Bouajila

La dictée

Lorsque le comédien Sami Bouajila se souvient du goût de sa mère, une scène d'enfance lui revient.

CETTE ANECDOTE m'accompagne et me fait sourire…

Ma mère, Monjia, est arrivée en France en 1962. Elle venait de Tunisie et ne parlait pas le français. Sa meilleure amie, Pauline, une Sicilienne du quartier, vivait la même situation. Elles étaient toutes les deux pleines de vie, de bonhomie et avaient pour principe de toujours aller de l'avant. Elles ne travaillaient pas et avaient toute la journée pour elles avant que leurs maris ne rentrent ; elles étaient très créatrices et cherchaient toujours une activité à faire. C'est ainsi qu'elles ont décidé de prendre des cours de français. Souvent, elles m'emmenaient avec elles. J'écoutais cette dame leur faire des dictées… avec des recettes de cuisine ! J'ai encore en mémoire la dictée de la bûche de Noël : « Vous prenez 250 grammes de beurre… » Cela nous faisait rire !

J'ai grandi dans un quartier populaire de la banlieue sud de Grenoble. J'ai le souvenir de familles qui se mélangeaient. Aujourd'hui ma mère est âgée et n'est plus en mesure de cuisiner. Mais à l'époque, mes copains raffolaient de ses plats : le couscous au poisson, délicieux… Je crois qu'elle liait la sauce avec du beurre parce que c'était à tomber ; les briques au thon ou au fromage, en forme de cigares ou de triangles. Et quand nous amenions nos petites amies dîner à la maison, alors là, c'était la fête ! La table était garnie de ses meilleures recettes.

Celle qui me renvoie immédiatement à l'enfance, à ma mère, à la famille, c'est la chorba, la soupe qui, chaque soir durant le ramadan, ouvrait le repas. La soupe de ma mère…

La chorba au poulet

Ingrédients
- 4 cuisses de poulet
- 1 oignon
- 1 ou 2 gousses d'ail
- ¼ de botte de coriandre
- 1 petite boîte de tomates pelées
- 1 poignée de pois chiches trempés la veille (ou en boîte)
- 2 branches de céleri
- ¼ de botte de persil
- 1 cuil. à soupe de concentré de tomate
- Curcuma
- 1 cuil. à café de coriandre moulue
- ½ cuil. à café de harissa
- 125 g de petites pâtes dites « langues d'oiseau »
- 3 cuil. à soupe d'huile d'olive
- Sel, poivre

Dans une cocotte, verser l'huile, saisir les cuisses de poulet, ajouter l'oignon et l'ail émincés.

Couper finement la coriandre fraîche et les tomates, les mettre dans la cocotte, bien mélanger.

Ajouter les pois chiches, le céleri, le persil haché, le concentré de tomate, le curcuma, la coriandre moulue, la harissa et faire revenir à feu doux pendant 5 min.

Saler, poivrer, recouvrir d'eau la moitié
de la cocotte, porter à ébullition et laisser cuire
environ 20 min.

Verser les langues d'oiseau, puis laisser cuire
10 à 15 min.

Rectifier l'assaisonnement.

Jean César

Dessine-moi un chat

Jean César a été juré du prix du Livre Inter. Dans sa lettre de candidature, il avait évoqué avec ferveur sa mère de cœur à qui il devait le goût des livres et bien d'autres choses. Cela ne s'oublie pas…

UN JOUR, mon grand frère, cinq ans, est allé frapper à la porte de notre voisine et lui a demandé : « Dessine-moi un chat ! » Elle y a gagné son surnom de « Maman-chat » et elle est entrée dans notre famille.

Une famille d'immigrés espagnols qu'elle aidait à remplir les papiers ; travaillant à la poste de Nantes, elle était à l'aise avec l'administratif. Elle vivait seule et n'avait pas d'enfant. Elle s'était tellement attachée aux cinq garçons, mes frères, et moi, que lorsque nos parents ont déménagé elle s'est installée tout près. Elle m'invitait le samedi à dormir chez elle, c'était ma respiration…

J'ai eu la chance de trouver auprès d'elle une affection et une attention que mes parents ne m'ont pas données, ou alors brutalement… Cela ne compense pas ce que l'on n'a pas reçu chez soi, le manque demeure, mais Maman-chat a été un plus vital, une mère de cœur, une porte ouverte vers ce que peut être l'amour entre une mère et son enfant… Elle m'a fait découvrir un autre monde, un monde de bienveillance, de livres et de rites qui n'appartenait qu'à nous, comme la surprise qu'elle m'achetait au marché ou la cuisine que nous faisions ensemble le samedi soir.

Elle m'appelait affectueusement « Juanito », elle me disait qu'il fallait prendre soin des autres même si on n'avait pas pris soin de moi, elle me répétait que je devais faire des études… Et j'ai eu mon bac. Des années plus tard, j'ai passé un MBA tout en travaillant, elle n'était plus là, mais c'était toujours grâce à elle.

Je n'ai rien oublié. Surtout pas l'escalope de veau aux champignons et à la crème du samedi soir, ma respiration.

L'escalope de veau aux champignons et à la crème

Dialogues écrits par Jean César.

Secrets et ingrédients de Maman-chat

- 2 escalopes du boucher
- 250 g de champignons de Paris
- Persil frais
- 30 cl de crème fraîche épaisse
- 30 g de beurre (plus si vous êtes normand ou breton)
- 1 pincée de sel et de poivre

Maman-chat – soixante et onze ans
Avant de commencer, il faut d'abord se préparer mentalement. Cuisiner, c'est honorer un plat et des invités. Il faut insister auprès du boucher pour qu'il sélectionne une viande de veau très tendre, très belle. Deux magnifiques escalopes, fines et délicates.

Juanito – douze ans
Très bien. Qu'est-ce que je dois faire ?

Maman-chat
Coupe les champignons de Paris en deux dans le sens de la longueur. Puis lave-les.

Juanito
Comme ça ?

Maman-chat
Oui. Maintenant, rince le persil et hache-le.
Tu vas faire comme moi. Place tes doigts comme ça, tu éviteras de te couper. Prends ce couteau et imite-moi.

Juanito
C'est pas facile.

Maman-chat
Maintenant, chauffe la poêle, coupe le beurre et jettes-y les morceaux. Puis prends la viande et place les deux morceaux au centre.
Saupoudre de sel et de poivre. Il faut attendre qu'elle soit bien cuite.

Juanito
Comment je sais que la viande est prête ?

Maman-chat
C'est une question de cinq, six minutes. La viande doit être dorée, colorée à point et appétissante.
Regarde.

Juanito
Hum... ça a l'air bon.

Maman-chat
Verse la crème maintenant.
Ajoute les champignons et le persil haché, et remue délicatement.

Juanito
C'est facile.

Maman-chat
Oui. Tu es très doué. Regarde comme les couleurs sont belles.

Juanito
Et comme ça sent bon !

Maman-chat
Alors à table, cuisinier.

Caroline Benjo

Passionnément

Caroline Benjo est productrice de cinéma et de télévision. J'ai eu la chance de rencontrer Line, sa mère, et je ne l'ai jamais oubliée...

ELLE EST PASSIONNÉMENT la fille de sa mère, elle l'affirme, elle rayonne, ses yeux étincellent, comme si elle évoquait l'élixir à l'origine de sa force.

Mais rien d'étouffant dans ce lien, car l'air ne s'est pas raréfié autour de Line, au contraire le vent souffle fort. Nous sommes dans un roman épique, pas dans la Bibliothèque rose... Le goût qui lui est associé se doit donc d'être généreux et épicé, comme sa *tchoutchouka*.

Line est une femme que Caroline aurait adoré connaître si elle n'avait pas été sa mère. Quelques images...

Elle apparaît dans un paysage du Maroc où elle est née ; une fillette aux cheveux d'un blond si blanc qu'on la surnomme Chibania, « la vieille » ; petite rebelle qui se balade seule dans les champs avec son chien-loup et qui un jour découvre ce qui va changer sa vie : une bibliothèque, chez une cliente de la boucherie familiale à qui elle venait faire une livraison. Et elle en lira tous les livres, en commençant par Zola car le nom était joli…

Des décennies plus tard, Line a quasiment perdu la vue. Elle ne peut plus lire, elle ne peut plus voir le visage de sa fille, et pourtant sa joie de vivre phénoménale demeure. Elle continue de faire la cuisine, y compris la *tchoutchouka*, sans se tromper dans le dosage des épices…

Image d'elle dans les rues de son quartier à Paris : un feu follet ! Elle marche très vite, manie sa canne blanche comme une arme, si bien que certains la soupçonnent de faire semblant d'être aveugle… Elle fait signer une pétition quand un mari ne reconnaît pas ses droits à la femme dont il se sépare après une vie de labeur à la caisse de son commerce.

Quelques années plus loin… Mère et fille se connaissent par cœur, pourtant Caroline demande à une amie journaliste – il s'agit de moi – d'interviewer sa mère au magnétophone. Ce n'est pas formulé, mais toutes les trois savons : par cette entremise, Line parle à sa fille qui écoutera… après sa disparition. Elle dit probablement les choses les plus importantes de sa vie, mais sans perdre le sens de la mise en scène car c'est une conteuse-née.

Line a donné à sa fille une force énorme mais elle sait qu'une seule chose lui fait peur.

Nous y voilà… Line s'en va, elle a quatre-vingt-quinze ans, les choses se sont accélérées, elle est à l'hôpital, elle demande à signer ses directives anticipées, elle veut qu'on lui administre une sédation profonde. Cela met en branle tout un processus. Sa fille doit se battre avec l'administration hospitalière. Arrêt sur image… Line est en train de réussir un dernier tour de force : la peur de Caroline a changé de nature, toute sa vie l'idée de perdre un jour sa mère l'a terrifiée, et à présent elle craint par-dessus tout de ne pas pouvoir accéder à la demande de Line de partir.

Cela a été leur dernière œuvre commune.

Épilogue… Née catholique dans un pays musulman où elle a vécu cinquante ans, Line a été mariée à un juif, l'amour de sa vie. Tout en voulant une cérémonie laïque, cela lui plaît qu'une femme rabbin s'y exprime, à la condition qu'elle veuille bien refléter cette triple appartenance, ce qui est fait.

Elle aurait bien un dernier message : « Dis-leur à tous, ma chérie, qu'il n'y a qu'un seul Dieu ! » Il fallait qu'elle ait le dernier mot.

La tchoutchouka

Line a dicté sa recette pour que ses amis la mangent comme si elle l'avait faite, avec des « surtout tu n'oublies pas ceci », « tu mets bien cela comme ça ». La voici donc avec ses mots, on a l'impression de l'entendre…

Ingrédients

- 4 grosses tomates cœurs-de-bœuf
- 1 tête d'ail
- 1 clou de girofle
- 1 gousse de cardamome écrasée
- Gingembre frais ou en poudre
- 4 morceaux de sucre
- 1 boîte de tomates entières
- 8 poivrons rouges et jaunes
- 2 bouquets de coriandre fraîche
- 1 piment bec d'oiseau écrasé
- 3 pistils de safran
- Huile
- Sel

« Tu prends et découpes quatre belles tomates cœurs-de-bœuf, ce sont celles qui ont généralement le plus de jus.

Tu tailles une tête d'ail entière en lamelles fines.

Tu mets tout à froid dans une grosse cocotte.

Tu fais tiédir avec un peu d'huile un clou de girofle, une cardamome écrasée et un peu de gingembre (frais ou en poudre) mais pas trop.

Tu rajoutes un à quatre morceaux de sucre pour enlever l'acidité de la tomate (tu goûtes).

Au bout d'une demi-heure, tu ouvres une boîte de tomates d'un kilo, tu les concasses, tu mets le jus aussi, puis tu remets à cuire à petit feu pendant au moins une heure et demie.

Ensuite, tu ajoutes les huit poivrons qui auront été au préalable grillés au four, entiers et sans ajout, tu auras enlevé leur peau et les pépins, et surtout tu les mets avec leur jus de cuisson dans le confit de tomates et tu laisses cuire pendant une heure.

Tu laves deux bouquets de coriandre. Bien les ficeler, les mettre de côté.

Vingt minutes avant la fin de la cuisson, tu mets un piment bec d'oiseau écrasé et la coriandre, toujours à feu très doux (et d'ailleurs toute ta cuisine à feu très doux, c'est meilleur)...

Tu ajoutes deux ou trois pistils de safran dix minutes avant la fin pour éviter l'amertume.

Tu touilles bien, tu ajoutes du sel évidemment, tu vérifies la cuisson, ça ne doit pas être trop liquide (si c'est le cas, tu laisses le liquide s'évaporer).

Et tu manges froid, bien sûr ! Avec du bon pain, ou à l'israélienne avec deux œufs au plat au milieu, un délice. »

Michel Leclerc

Le steak-frites bien français

Dans le film Le Nom des gens, *ils ne jouaient qu'un petit rôle, un couple âgé qui semblait porter l'habit de Français moyens comme une armure, et l'on comprenait que la femme était orpheline. Ils sonnaient si juste, trop juste… Assez pour que je contacte son réalisateur, Michel Leclerc. Il nous a offert ce texte.*

Mes parents sont tous les deux des enfants de la guerre et chez nous, plutôt que de bien manger, il fallait bien se nourrir, c'est-à-dire en quantité. Leur obsession à tous deux était que mon frère et moi soyons rassasiés coûte que coûte (obsession que d'ailleurs je reproduis avec mes enfants). Entrée-plat-dessert et viande à tous les repas. Le plat, en général, un steak et des patates sous diverses formes.

Ma mère a perdu ses parents lorsqu'elle avait sept ans. C'étaient des juifs de Salonique et je doute qu'ils aient eu le temps de transmettre à leur fille des recettes de leur culture. Quand bien même ma mère se serait souvenue de certains de ces plats, une fois adulte elle se serait absolument interdit de les réaliser, car dans l'assiette, comme dans tous les autres domaines de la vie, il fallait faire disparaître les traces de ces racines-là.

Et ce n'est pas à l'orphelinat où elle a passé les quinze années suivantes qu'elle aurait pu apprendre les secrets d'une cuisine raffinée.

Mes parents appartenaient aussi à la génération rationaliste des années 1950. Scientifiques tous les deux, ils furent émerveillés par l'ouverture des supermarchés. Dans la banlieue où nous vivions, un jour s'est ouvert un gros Carrefour. On pouvait désormais faire toutes ses courses au même endroit et acheter à profusion. Dès lors, tout ce que nous mangions venait de Carrefour. Les aliments étaient conditionnés dans des barquettes plastiques et mes parents se moquaient bien de savoir comment les animaux que nous consommions avaient été élevés ou si l'herbe qu'ils broutaient était bio. Et de temps en temps, les jours de fête, nous allions en famille au restaurant, à la cafétéria du supermarché. Ils adoraient ce nouveau système du self-service où l'on pouvait prendre en quantité tout ce qui nous plaisait – le plaisir de l'opulence, inimaginable dans leur enfance. On s'asseyait à l'étage sur des chaises en Formica, d'où l'on pouvait admirer le spectacle des gens faisant leurs achats, et quand j'y pense, on aimait ça.

Mais le dimanche, c'était autre chose, car le dimanche, mon père se mettait aux fourneaux. Lui venait d'une famille française et l'on aurait quasiment pu mettre un petit drapeau tricolore sur chaque plat qu'il cuisinait : pot-au-feu, coq au vin, bœuf bourguignon, fondue bourguignonne, lapin à la moutarde, et le sacro-saint rosbif patates sautées (dites « patates à la papa »). C'est comme s'il fallait absolument marquer notre identité française, la seule que nous nous reconnaissions, par la cuisine. Au cas où la police aurait voulu vérifier nos pedigrees, on pouvait toujours montrer les restes de nos assiettes.

Je me souviens que la seule fois où ma mère laissait échapper le léger parfum de l'Orient de son enfance était lorsque l'une de ses cousines lui apportait du *halva*, cette confiserie à base de semoule que l'on trouve notamment en Grèce. Ma mère adorait le *halva*, c'était pour elle un plaisir qui allait certainement au-delà du gustatif. Elle mangeait un petit bout de son lointain passé, elle entrebâillait la porte depuis si longtemps verrouillée et ça la bouleversait. Mais jamais elle n'aurait été jusqu'à en acheter elle-même, trop risqué. Ma mère se cachait aussi derrière le steak-frites.

Michel Leclerc

Les frites de Suzy Palatin

De ces frites bien françaises, Michel a gardé un souvenir qui n'incluait pas la recette… Une bonne recette de frites, c'est important ! Voici celle de Suzy Palatin, obtenue grâce à François-Régis Gaudry.

Ingrédients pour 4 pers.
- 2 kg de pommes de terre bintje
- 4 l d'huile de tournesol
- Fleur de sel

Éplucher et laver très soigneusement les pommes de terre.

Les essuyer avec un torchon et couper des frites de 1 cm d'épaisseur.

Les sécher dans un premier torchon, dans un second, puis un troisième. Faire un dernier séchage avec du papier absorbant jusqu'à ce que le papier ressorte sec.

Verser l'huile dans la friteuse et la chauffer à 170 °C.

Plonger les frites dans un premier bain de friture pendant 7 min. Puis secouer le panier de friture pour les égoutter.

Les poser sur un plateau recouvert de papier absorbant. Les tamponner délicatement avec du papier absorbant pour enlever l'excédent d'huile. Laisser reposer pendant au moins 20 min.

Les plonger à nouveau dans le bain de friture à 170 °C pour 7 min, une fois encore.

Secouer le panier de friture pour les égoutter, puis les vider sur plateau recouvert de papier absorbant et les tamponner délicatement.

Les placer dans un plat, les saler
et servir aussitôt.

Roberta

À la vie

Roberta Nacmias, dite « Roberta », est traiteur. La cuisine qu'elle prépare pour ses clients, elle la tient de sa grand-mère et de sa mère. Dans le catalogue infini de ses recettes de famille, c'est la plus simple qui lui importe le plus…

Ma mère, Paola, disait : « La cuisine c'est la famille, la cuisine c'est la vie ! » Une célébration de la vie d'autant plus forte que mon père, Umberto, avait frôlé la mort. Durant la guerre, il a été un *partigiano*, un partisan. Caché dans un couvent de franciscains, il n'a pas pu assister à ma naissance en 1944… Il a ensuite été arrêté par les fascistes, et le courage d'un homme l'a sauvé de la déportation.

Donc oui, la cuisine, c'était la vie qui reprenait.

Ma mère allait au marché tous les matins à 7 heures. Les agriculteurs vendaient leurs produits en direct, les poissons transitaient du bateau de pêche à l'étal du marché sans parcourir un seul kilomètre, les palourdes et les langoustines étaient encore vivantes, j'ai encore ces odeurs dans les narines...

Mais un souvenir symbolise le bonheur de vivre, une image ensoleillée : ma mère dans son jardin, préparant la sauce tomate... Chaque année, à la fin du mois d'août, nous en réalisions des litres et des litres qui allaient nous servir pendant l'hiver.

J'avais une douzaine d'années quand j'ai commencé à aider. Nous travaillions dans le jardin car il était impossible de confectionner une telle quantité de sauce dans la cuisine. Il y avait des caisses et des caisses de tomates, au moins cinquante kilos, cultivées sur nos terres. Quatre immenses marmites étaient posées sur des feux alimentés par des bombonnes de gaz.

Je revois ma mère jeune et éclatante d'énergie, c'était l'Italie des années 1950-1960, l'Italie de Fellini... Une femme du village était venue aider, ma sœur et moi étions « les petites mains », cela prenait toute la journée, nous étions crevées, mais c'était gai, il y avait la radio en bruit de fond, on bavardait, on riait et, vers midi, quelqu'un pensait à nous apporter du vin blanc frais et des bonnes choses à grignoter, dont la fameuse *insalata di mare* que ma mère préparait la veille.

En fin de journée, avec de grands entonnoirs, on versait la sauce tomate dans des pots en verre. On couvrait d'un filet d'huile d'olive pour éviter la moisissure et on les mettait à bouillir dans les immenses marmites. Quand le couvercle des bocaux faisait *pop*, c'était qu'un vide s'était créé et que les conserves étaient stérilisées. On les laissait refroidir dans cette eau. Et c'était fini !

Le soir, un dîner réunissait tous ceux qui nous avaient aidés. Au menu : lasagnes et sole au citron…

J'ai pris, depuis, la suite de ma mère. Tous les ans, je retourne chez moi en Italie et je prépare la sauce tomate pour l'hiver avec mes enfants et petits-enfants. Je veux leur transmettre le goût de la famille, le goût de la vie.

La sauce tomate

Ingrédients
- 4 kg de tomates allongées
- 200 g de carottes
- 200 g de céleri-branche
- 200 g d'oignons
- 3 cuil. à soupe de sucre
- Huile d'olive
- Gros sel
- Sel, poivre
- *Facultatif :* 2 bottes de basilic

Couper les tomates en quatre.
Couper les autres légumes en cubes.
Verser le tout dans une grande marmite avec une poignée de gros sel, les feuilles d'une botte de basilic et un filet d'huile d'olive.

Couvrir et faire suer les légumes à feu moyen pendant 15 min.

Égoutter la préparation dans une passoire, puis la passer au presse-tomates (une version électrique existe : *passapomodoro elettrico*). La peau des fruits sera retenue dans la partie haute de l'appareil tandis que la chair sera récupérée.

Verser la purée de tomates dans la marmite, saler, poivrer, ajouter un filet d'huile d'olive, le sucre et le reste de basilic.

Couvrir aux trois quarts et laisser cuire à feu moyen pendant 20 min, sans trop laisser réduire.

Verser la sauce dans des pots en verre préalablement stérilisés et ajouter un filet d'huile d'olive sur la sauce avant de mettre le couvercle.

Pour une consommation dans les 15 jours, il suffit de placer la sauce au réfrigérateur.

Pour la conserver plus longtemps, il faut stériliser à nouveau les bocaux une fois remplis. Couvercle hermétiquement fermé, les poser dans une marmite d'eau bouillante jusqu'à entendre le pop qui indique que le vide s'est fait. La sauce tomate se conservera ainsi plusieurs mois, entreposée dans un endroit frais.

L'insalata di mare

Ingrédients

- 1 kg de poulpe
- 1 kg d'encornets
- 1 kg de petits supions
- 500 g de crevettes roses bien fermes
- 2 kg de moules de bouchot
- ½ botte de persil plat
- Huile d'olive
- Vinaigre de vin ou jus de citron
- Gros sel, poivre

Immerger le poulpe entier dans de l'eau bouillante avec du gros sel, baisser le feu et laisser cuire 30 min (piquer à la fourchette : si la fourchette pénètre facilement, c'est que c'est tendre). Laisser refroidir dans son eau.

Immerger les encornets dans une grande casserole d'eau bouillante salée et poivrée, baisser le feu et laisser cuire 15 min. Ajouter les supions au bout de 10 min et poursuivre la cuisson 5 min. Éteindre le feu et ajouter les crevettes qui vont cuire dans l'eau chaude.

Couper le poulpe, les encornets et les supions en petits morceaux. Décortiquer les crevettes.

Rincer et bien nettoyer les moules. Les placer dans une marmite avec une poignée de gros sel et un ½ verre d'eau. Couvrir. Mettre à feu fort.

Dès que les moules sont ouvertes, les ôter du feu et les décortiquer.

Dans un saladier, mélanger le poulpe, les encornets, les supions, les crevettes et les moules. Saler, poivrer et ajouter un filet de vinaigre de vin ou de jus de citron. Arroser généreusement d'huile d'olive et ajouter le persil coupé fin.

Henri Weber

Un monde disparu

Figure de Mai 68, Henri Weber a été sénateur, député européen, et bien d'autres choses encore. Il aura fallu rien de moins qu'une pandémie pour l'abattre. Maudite Covid. Il semblait indestructible. L'amour de la vie était peut-être ce qui le caractérisait et qui nous avait conduits à parler de sa mère.

LE MONDE DE MES PARENTS n'existe plus...

Quand ma mère, Mira, est née en 1909 à Chrzanów, en Galicie, c'était encore l'Empire austro-hongrois. Après la Première Guerre mondiale, la région est devenue polonaise. Au moment du pacte germano-soviétique, lors de la partition de la Pologne, mes parents ont choisi la partie soviétique pour fuir Hitler. Puis, en 1947, ils sont retournés dans leur pays, pour constater que les pogroms existaient toujours, même après la Shoah... Alors, en 1948, ils sont arrivés en France.

Sur le quai, gare du Nord à Paris, les attendait un membre de la Société des amis de Chrzanów, une association d'entraide regroupant des anciens de la ville déjà installés en France. L'homme leur a remis ce jour-là une enveloppe avec les clés d'un appartement, l'adresse d'un horloger qui fournirait du travail, et une concession au cimetière de Bagneux où plus tard ils pourraient reposer en paix. De quoi vivre et mourir…

Ma mère a été bonnetière dans sa jeunesse, elle est devenue femme au foyer, pour notre plus grand bonheur, car cela la rendait disponible pour nous. Ses boulettes sont liées pour moi à des souvenirs doux. Ma mère m'aimait follement ! Cela m'a donné un formidable appétit de vie et confiance en l'avenir. Les boulettes étaient son plat fétiche. Elle les faisait à ses enfants et je les fais aujourd'hui aux miens.

Les boulettes de Mira

Plat succulent, selon Henri, roboratif et d'exécution rapide.

Ingrédients pour 4 pers.
- 600 g de bœuf haché
- 4 œufs frais
- 3 cuil. à soupe de chapelure
- 1 oignon
- 2 cuil. à soupe d'huile neutre
- Sel, poivre

Mettre la viande hachée dans un saladier, puis verser les œufs et la chapelure imbibée d'eau.

Hacher menu l'oignon et l'ajouter à la préparation. Saler, poivrer.

Mélanger le tout jusqu'à obtention d'une pâte onctueuse avec laquelle confectionner 8 boules ovales.

Faire chauffer l'huile dans une large poêle.

Faire revenir les boulettes 2 à 3 min sur chaque face selon leur épaisseur, en les retournant.

Servir sur un plat de riz et d'oignons frits.

Stéphanie Le Quellec

Le cœur avant les étoiles

Stéphanie Le Quellec est une chef doublement étoilée. Pour une partie de son activité, elle a choisi de travailler avec sa mère. Ce qui suppose une bonne entente.

J'AI SU TRÈS TÔT que je voulais devenir cuisinière. Chez nous, la transmission se fait par les femmes, depuis des générations, et j'ai baigné dans une atmosphère de partage. Grand-mère, mère, tantes, tout le monde cuisinait et je m'y suis jointe naturellement. Nous n'avions pas besoin de mots pour savoir ce que chacune devait faire… Ma mère n'a pas cherché à innover, elle fait les grands classiques du terroir.

Mes parents ont accepté mes choix sans aucune réticence. D'ordinaire, ce sont les élèves médiocres que l'on oriente vers les métiers manuels, moi j'avais de bons résultats. Et pourtant, à quatorze ans, je leur ai annoncé que je ne voulais pas suivre la filière d'enseignement générale et que je préférais m'orienter tout de suite vers la cuisine. Ils ont eu l'ouverture d'esprit d'accepter. C'était audacieux car, il y a vingt-cinq ans, peu de femmes officiaient dans ce milieu, et les chefs n'étaient pas à la mode comme maintenant.

Aujourd'hui encore, il nous arrive, ma mère et moi, de cuisiner ensemble pendant les vacances. Dans ces moments-là, je ne joue pas à l'experte... Les rougets sont un de mes plats de référence comme chef deux étoiles, mais je ne les fais pas de la même manière lorsque nous sommes en famille. Chacune concocte les plats qui font plaisir aux autres, moi la bouillabaisse, elle les petits farcis. Et nous avons le pot-au-feu en commun, c'est le plat de mon enfance, mais deux façons de le préparer. J'aurais tendance à concentrer davantage le bouillon, mais je ne vais certainement pas demander à ma mère de changer sa recette. C'est bien ainsi !

Le pot-au-feu de la chef Stéphanie Le Quellec

Vous pouvez préparer le pot-au-feu plusieurs heures à l'avance, voire la veille, il n'en sera que meilleur.

Ingrédients pour 4 pers.

- 500 g de paleron de bœuf
- 1 joue de bœuf
- 500 g de plat-de-côtes
- 4 beaux os à moelle
- 4 carottes
- 2 poireaux
- ¼ de céleri-rave
- 2 grosses pommes de terre
- 1 oignon
- 3 clous de girofle
- 1 tête d'ail
- 2 tablettes de bouillon
- 10 grains de poivre
- 1 pincée de gros sel
- Poivre du moulin
- Fleur de sel, sel
- Moutarde à l'ancienne, pour le service

Rincer les viandes sous l'eau courante, puis les déposer (excepté les os à moelle) dans le fond d'une cocotte-minute ou d'un faitout.

Mouiller à l'eau froide une fois et demie la hauteur et porter à ébullition : les impuretés remonteront à la surface. Baisser alors le feu et écumer en ôtant tout le chapeau d'impuretés.

Éplucher et laver tous les légumes (excepté les pommes de terre), les ajouter entiers.

Ajouter également l'oignon piqué des clous de girofle, la tête d'ail coupée en deux, les tablettes de bouillon, la pincée de gros sel et les grains de poivre.

Laisser cuire à feu doux pendant 3 h 30, en écumant soigneusement toutes les 30 min.

Au bout de 3 h de cuisson, ajouter les pommes de terre épluchées et coupées en deux et les os à moelle.

Servir ce pot-au-feu accompagné d'une baguette de pain bien croustillante, d'une moutarde à l'ancienne, de fleur de sel et de poivre.

Le pot-au-feu de la mère de Stéphanie

La recette est proposée pour un beau pot-au-feu familial, mais ces quantités peuvent être partagées à deux.

Ingrédients

- 1 kg de gîte (jarret)
- 1 kg de plat-de-côtes
- 1 kg de paleron de bœuf
- 1 queue de bœuf
- 1 os à moelle
- 1 kg de poireaux
- 1 kg de carottes
- 1 kg de navets
- 1 céleri-rave
- 1 céleri-branche
- 1 kg pommes de terre
- Clous de girofle
- Gros sel, poivre
- *Facultatif :* moutarde classique ou à l'ancienne

Verser de l'eau froide dans un grand faitout,
Y mettre la viande et porter le tout à ébullition.
Bien écumer plusieurs fois.

Saler, poivrer et ajouter un morceau de navet piqué de clous de girofle. Mettre quelques branches de céleri. C'est parti pour 3 h de cuisson à petits frémissements.

Éplucher et laver les légumes.
Au bout de 1h30, ajouter progressivement les carottes, les navets, le céleri-rave coupé en morceaux et le céleri-branche.
Rectifier éventuellement l'assaisonnement.

Laisser cuire 1 h puis ajouter les pommes de terre et les os à moelle préalablement ficelés pour éviter que la moelle tombe dans le bouillon.
Laisser mijoter encore 30 min. Le pot-au-feu peut cuire plus longtemps, mais à feu très doux.

Pour déguster le bouillon, le dégraisser un peu avant de le servir.

Mettre les légumes dans un plat de service.

Couper les viandes et les dresser dans un plat.

Présenter les os à moelle à part.

On peut accompagner de moutarde classique ou à l'ancienne et de fleur de sel.

Il n'y a plus qu'à se régaler.

Avec la viande qui reste, on peut faire :

Un hachis Parmentier
Faire une bonne purée de pommes de terre.
Couper la viande en petits morceaux et l'ajouter à la purée avec un hachis d'ail et de persil, le tout disposé dans un plat avec un peu de gruyère râpé dessus et à passer au four.
Un régal !

Une salade de bœuf
Couper la viande en morceaux et la servir avec une échalote ciselée, du persil, de l'huile et du vinaigre.

On peut aussi faire sauter la viande dans un peu de beurre avec les légumes restants, ou garder le bouillon et le servir un soir en ajoutant un peu des légumes et des vermicelles.

Rien ne se perd dans un pot-au-feu.
C'est pour ça qu'il ne faut pas hésiter
sur les quantités et les sortes de viande,
votre pot-au-feu n'en sera que meilleur
et la famille se régalera pour plusieurs repas.

Le goût de ma mère

Radium

Thé bouillant, humeur légère… Un moment de grâce. Il y a bien une permanence des êtres, quelque chose qui résiste au temps, qui fait qu'elle est elle, Georgette.

Ma mère n'a pas découvert le radium, elle ne figure pas dans les livres d'histoire, et peu m'importe ! Ce qu'elle était m'enchantait.

Elle n'était pas grande, elle ne parlait pas fort, elle ne s'imposait pas, mais elle se tenait droite au sens propre comme au figuré, sans raideur cependant, et cela m'impressionnait. Toute sa vie, elle a inspiré un respect doux.

Femme seule donc, puisque veuve, mais par sa sérénité elle indiquait qu'elle assumait sa vie. Elle ne réclamait pas d'aide, au contraire elle en donnait. Et j'ai souvent vu les autres lui demander conseil comme à un vieux sage, car elle était généreuse, réfléchie et n'avait pas de préjugés.

Sans que ce soit une consolation, l'autre versant d'une vie sans père a été que ma mère m'a donné l'image d'une femme autonome. Mes camarades d'école exprimaient cela autrement, elles la trouvaient moderne, parfois plus moderne que leurs mères. Cela ne passait pas par des discours mais par sa manière d'être. Elle était vive, elle avait les jambes de Cyd Charisse, avec lesquelles elle filait si vite que les gosses de l'immeuble la surnommaient « petit taxi », du nom des taxis casablancais qui semblaient avoir été conçus sans freins. Elle conduisait sa voiture rouge accrochée au volant et riait quand nous mettions la musique à fond la caisse ; elle allégeait la corvée des révisions en nous emmenant, avec nos copines et nos livres, travailler à l'ombre d'un arbre. Il lui est arrivé d'accueillir les confidences de mes amies qui avaient, à juste titre, le sentiment qu'elle pouvait tout comprendre.

Et puis elle faisait très bien les croque-monsieur ! C'est moins anecdotique que cela en a l'air. La modernité, pour ma mère, c'était la façon de vivre, l'élégance et la cuisine françaises. Elle restait très attachée à son identité juive marocaine, mais elle laissait aux autres les recettes traditionnelles et marquait sa différence avec force gratins et jambon. L'arrivée des fiches cuisine de *ELLE* a fait sa joie. Nous avons eu une période intensive de gâteau basque jusqu'à ne plus pouvoir en manger, aujourd'hui encore... Mais elle a eu l'intelligence de ne pas chercher à innover avec les boulettes à la tomate, plat chéri des enfants, et même plus tard des vieux enfants... Elle les a faites comme sa mère et sa grand-mère, l'indépendance a ses limites.

E. B.

Les boulettes à la tomate

Ingrédients

- 12 tomates à chair (roma, cœur-de-bœuf)
- 750 g de viande hachée
- 1 oignon
- ¼ de botte de persil
- ¼ de botte de coriandre
- 1 œuf
- 2 ou 3 grosses poignées de chapelure ou 2 tranches de pain de mie sans croûte
- 4 cuil. à soupe d'huile neutre
- Paprika, cumin, safran
- Sel, poivre

Commencer par préparer la sauce tomate.

Peler et épépiner les tomates. Les couper en gros morceaux.

Dans une marmite, faire revenir dans 2 cuil. à soupe d'huile un ½ oignon coupé en petits morceaux, sans colorer. Ajouter les tomates, saler, poivrer.

Pendant que la sauce cuit, préparer les boulettes de viande. Il ne faut pas que la sauce soit complètement terminée quand on y mettra les boulettes car les deux vont continuer à cuire ensemble.

Dans un saladier, mettre la viande, le ½ oignon restant coupé en très petits morceaux et ramolli 1 min au micro-ondes, le persil et la coriandre très finement ciselés.

Ajouter 1 cuil. à café bien pleine de paprika, une pointe de couteau de cumin, du sel, du poivre et un peu de safran dilué dans de l'eau tiède.

Imbiber la chapelure (ou le pain de mie) d'eau et ajouter dans le saladier avec 1 œuf battu et 2 cuil. à soupe d'huile.

Travailler la préparation à la main (ou avec des gants). Pour des boulettes plus tendres, ajouter un peu d'eau. Mouiller régulièrement ses mains (ou ses gants) pour éviter que la préparation ne colle.

Mettre une grande quantité d'eau à bouillir dans une marmite.

Confectionner des boulettes de la taille d'une grosse bille et les jeter au fur et à mesure dans l'eau bouillante. Les laisser pocher 5 min seulement (quand l'eau devient un peu grise, c'est qu'il faut les en sortir).

Les retirer avec une écumoire et les placer dans la marmite de sauce tomate toujours en train de cuire. Auparavant, ajouter un petit verre d'eau pour rendre la sauce plus légère.

Cuire sur feu doux à couvert pendant 15 min environ.

Farideh

Délice persan

Farideh a vécu l'essentiel de sa vie à Paris, mais une partie de son cœur est restée avec sa mère, en Iran.

LE NOM DE LA RECETTE en farsi est *zereshk polo*... Du riz, des pistaches, des écorces d'orange, de l'épine-vinette et une coulée de safran. Une bouchée de ce plat, et le voyage est immédiat : il me renvoie à ma mère et au manque de ma mère.

J'ai quitté Téhéran quelques mois après la révolution iranienne. Je suis partie parce que je ne voulais pas être voilée. Je suis arrivée à Paris avec dix-sept kilos de bagages, un peu d'argent – mes parents étaient des intellectuels, ils n'étaient pas riches – et l'adresse d'amis iraniens qui m'ont beaucoup aidée. Les débuts n'ont pas été faciles, mais j'avais des diplômes, et surtout je parlais français couramment. Cela, grâce à ma mère. L'histoire est très romanesque...

Ma mère, Leyli, a fait ses études supérieures à Istanbul. L'un des premiers livres qu'elle a lus en turc a déterminé sa vie, et donc la mienne :

Le Roitelet. Ce roman, écrit en 1922 par l'écrivain féministe turc Reşat Nuri Güntekin, racontait la vie d'une orpheline élevée chez des religieuses françaises. Grâce à l'éducation qu'elle avait reçue, elle devenait une femme indépendante et libre. Dès lors, ma mère s'est promis que, si elle avait une fille, elle la mettrait dans une école de missionnaires catholiques françaises. Alors que sa famille était musulmane ! Et c'est ce qu'elle a fait…

Ma mère m'a appris à faire la cuisine, dont ce fameux riz, de la même manière qu'elle m'a initiée à la poésie : avec légèreté et sans forcer. En Iran, on vénère les poètes. Dans son sac, il y avait toujours des poèmes.

C'est à ces souvenirs, ce sentiment, cette « sensation » de ma mère que le *zereshk polo* fait écho. Une recette qui, de surcroît, a l'avantage de pouvoir être cuisinée partout et qui m'a parfois un peu consolée des vols pour Téhéran que je ne pouvais pas prendre…

Car partir est une chose, avoir peur de revenir en est une autre. Dans les moments où le climat était particulièrement tendu en Iran, notamment au moment de la guerre Iran-Irak, ma mère me disait, avec des larmes dans la voix : « Ne viens pas nous voir… Tu ne sais pas si on te laissera ressortir du pays… »

Une recette de cuisine, et tout revient. Du temps que j'ai vécu et de celui que je n'ai pas vécu avec Leyli, ma mère adorée.

Mais je ne voulais pas être voilée…

Le zereshk polo

En Iran comme ailleurs, les mêmes plats peuvent varier selon les régions, les origines, les communautés ou les ethnies. Mes recettes sont celles de ma mère et de ma grand-mère, issues de la culture azérie. Le zereshk polo *peut s'accompagner de poulet ou être servi seul.*

Ingrédients pour 4 pers.

- 5 verres à moutarde de riz basmati (1 verre/pers. + 1)
- Pain pita dit *lavash** ou rondelles de pomme de terre
- Épices pour riz**
- 1 verre de zestes d'orange séchés*
- Sucre en poudre
- 2 cuil. à soupe d'amandes effilées
- 2 cuil. à soupe de pistaches effilées*
- 1 verre d'épine-vinette séchée*
- ½ cuil. à café de safran pilé
- Huile végétale
- Beurre
- Un peu de sel
- *Facultatif* : 1 poulet, 1 oignon, 1 jus de citron, 1 petite boîte de concentré de tomate, épices pour ragoût (curcuma, cumin, poivre, cannelle)

* La plupart de ces ingrédients se trouvent facilement dans les épiceries iraniennes ou orientales.

** Vous pouvez aussi confectionner vous-même votre mélange d'épices pour riz : ½ verre de pétales de rose d'Azerbaïdjan en poudre, ½ cuil. à café de cardamome, ½ cuil. à café de cannelle, un peu de poivre.

Les zestes d'orange

Faire tremper les zestes d'orange séchés plusieurs heures dans l'eau, puis les faire bouillir plusieurs fois en changeant l'eau afin d'enlever leur amertume. Dans une petite casserole, mettre autant de sucre que de zestes, et laisser cuire à feu doux jusqu'à ce que le sucre soit dissous (sans être caramélisé). Réserver.

L'épine-vinette

Nettoyer, laver l'épine-vinette. Laisser tremper 10 min environ et essorer. Réserver.

Juste avant de servir le riz, mettre les baies dans une petite casserole avec un peu de sucre en poudre (pour garder le goût acide, il faut peu de sucre).

Cuire à feu moyen, le temps que le sucre soit dissous (un feu fort risquerait de brûler l'épine-vinette).

Le safran

Chez les Iraniens, on moud le safran auparavant et on le garde dans un endroit sec et frais et, à chaque fois qu'on en a besoin, on prend une très petite quantité – ½ cuil. à café – et on le dissout dans environ 2 cuil. d'eau bouillante.

Le poulet

En Iran, pour cette recette, on cuit le poulet avec un peu d'oignon, du sel, du citron et du safran dans une marmite ou une cocotte couverte pendant 20 min environ, on le coupe en morceaux et au moment où on met le riz mi-cuit avec les autres ingrédients dans la marmite, on ajoute les morceaux du poulet. En France, comme on est habitués aux plats en sauce, j'ai changé de recette, agréée par ma mère à l'époque, pour procéder ainsi.

Découper le poulet en morceaux. Le faire revenir avec de l'huile, beaucoup d'oignon, du citron, du concentré de tomate (à diluer dans l'eau bouillante). Ajouter les épices pour ragoût et laisser mijoter 30 min.

Le riz

Au minimum 3 h avant sa cuisson, idéalement la veille, mettre le riz dans un saladier, le laver plusieurs fois (l'eau doit devenir limpide), puis ajouter 1 cuil. à soupe de sel et laisser tremper le riz dans l'eau (l'eau doit dépasser d'au moins 3 cm). Au moment de préparer, égoutter le riz.

Remplir d'eau une grande marmite (de préférence antiadhésive), saler et porter à ébullition.

Verser le riz dans l'eau bouillante et le cuire, sans le couvrir, pendant 6-7 min à feu moyen. Durant la cuisson, enlever régulièrement l'écume à l'aide d'une cuillère ou d'une écumoire. Le riz doit être *al dente* (dur au milieu). Égoutter et le passer sous l'eau froide pour éliminer l'amidon.

Bien nettoyer la marmite et y verser de l'huile pour couvrir le fond de la marmite (environ 5 mm).

Tapisser ensuite le fond avec le *lavash* ou des rondelles de pomme de terre (de 3 à 5 mm d'épaisseur), cela formera une croûte.

Avec une écumoire, étaler dessus une première couche de riz en l'aérant. Saupoudrer quelques pincées d'épices (pour riz), les zestes d'orange, les amandes et les pistaches. Répéter l'opération plusieurs fois. (Garder de côté un peu de ces ingrédients pour la décoration finale.)

Ajouter quelques noix de beurre sur le riz, aux quatre coins de la marmite.

Envelopper le couvercle de la marmite dans un torchon propre et le poser sur la marmite.

Mettre la marmite sur feu moyen. Si possible, ajouter du poids (par exemple, une petite marmite à l'envers) sur le couvercle afin de la rendre plus hermétique. L'humidité sera alors absorbée par le torchon et le riz sera bien cuit, sans être collant.

Attention : si votre cuisinière est au gaz, un diffuseur sera nécessaire pour empêcher le riz de brûler.

Laisser cuire à petit feu pendant environ 45 min. Ne pas soulever le couvercle jusqu'à ce que le riz soit prêt. Pour savoir s'il est cuit, deux astuces (ainsi que cela m'a été transmis par ma mère) : humidifier l'extrémité de son doigt et effleurer rapidement le côté de la marmite, guettant un bruit caractéristique (tsss…). Si dans le même temps la vapeur s'échappe du torchon, on sait alors que le *zereshk polo* est prêt.

Avec une écumoire, enlever délicatement le riz de la marmite et le disposer dans un grand plat (rectangulaire ou rond).

Servir la croûte. Si votre marmite est antiadhésive, en la retournant vous aurez le beau *tah dig* ou *gazmakh* tout rond, la « croûte » en persan ou en turc, qui pourra être présenté dans un grand plat rond. Sinon le casser en morceaux et le servir dans une assiette.

Pour la décoration finale, verser le safran dissous dans l'eau sur le plat, parsemer dessus l'épine-vinette ainsi que le restant de zestes d'orange, d'amandes et de pistaches effilées, et saupoudrer un peu d'épices.

Nousheh jan (en persan), *afiyet olsun* (en turc), bon appétit !

Jean-Jacques Zilbermann

PC et quiche lorraine

Dans son film Tout le monde n'a pas eu la chance d'avoir des parents communistes, *Jean-Jacques Zilbermann retrouvait le regard émerveillé d'un petit garçon pour sa mère militante, qui pensait que si le communisme était au pouvoir il n'y aurait plus de chagrin d'amour… Une histoire pareille ne pouvait pas être totalement inventée.*

MES DEUX PARENTS ont été déportés à Auschwitz. Séparément.

Lui en 1943, elle en 1944. Ma mère avait vingt ans quand elle a été arrêtée sous une fausse identité. Son prénom est Ita Sima, francisé en Irène, mais dans la résistance elle s'appelait Hélène. Elle faisait passer la ligne de démarcation. Et elle a été livrée au tortionnaire nazi Aloïs Brunner.

J'ai localisé sur une carte l'endroit où ma mère est née. C'est un village de Pologne qui s'appelle Buczacz, non loin de Cracovie. Or Auschwitz se trouve également à côté de Cracovie.

Depuis la France, on l'avait donc envoyée dans un camp d'extermination, tout près de son lieu de naissance…

Ma mère était déjà communiste pendant la guerre. Lorsqu'elle est revenue en France en 1945, après Auschwitz, le PC a été sa famille. Grâce à lui, elle ne sentait pas seule au monde. Elle allait à des meetings, distribuait des tracts, si bien qu'elle n'avait pas le temps de cuisiner, outre le fait qu'elle n'aimait pas cela. C'était une bonne mère juive, elle préparait les repas avec, pour chacun, ce qu'il aimait, mais ça s'arrêtait là.

Mon père ne croyait pas au militantisme. Il était livreur pour le BHV et, quand il rentrait le soir, il était crevé. Il aurait bien aimé que son épouse soit comme la plupart des femmes de l'époque et qu'elle fasse des petits plats. Il râlait parce que ma mère sortait pour militer, il était jaloux du Parti communiste…

Ma mère lui demandait : « Mais qu'est-ce que tu veux que je te fasse à manger ? » Et lui répondait, agacé, en yiddish : « Des pigeons sur canapés », comme on aurait dit du caviar…

Alors ma mère s'est inscrite à un cours de cuisine. Et elle y a appris à faire la quiche lorraine ! Pour nous, c'était un événement : un plat cuisiné, élaboré, qu'on portait à cuire à la boulangerie voisine. Car en France, dans les années 1960, tout le monde n'avait pas de four individuel.

Nous avons tellement mangé de quiche lorraine que je ne peux plus en manger.

La quiche lorraine

Jean-Jacques n'avait pas la recette de sa mère, aussi ai-je demandé la sienne à François-Régis Gaudry.

Ingrédients

- 250 g de farine
- 125 g de beurre mou en dés
  + beurre pour le moule
- 250 g de poitrine fumée
- 3 œufs + 3 jaunes d'œufs
- 40 cl de crème liquide
- 2 cuil. à soupe de crème crue épaisse
- Sel, poivre

Pour la pâte brisée, froisser la farine, une pincée de sel et le beurre mou avec les doigts, puis lier avec 2 ou 3 cuil. à soupe d'eau. Façonner rapidement une boule et l'écraser à la main dans un moule beurré à bord assez haut.

Préchauffer le four à 180 °C (th. 6).

Couper la poitrine fumée en dés. Les faire blanchir quelques instants, les égoutter, puis les faire dorer à la poêle. Les répartir sur la pâte.

Dans un saladier, battre les œufs entiers avec les jaunes, ajouter la crème liquide, la crème crue, poivrer, saler légèrement.
Verser la préparation dans le moule.

Enfourner pour une grosse demi-heure, sortir et laisser reposer 15 min avant de servir.

Hirokazu Kore-eda

Souvenirs culinaires

Le cinéaste japonais Hirokazu Kore-eda, Palme d'or pour Une affaire de famille, *excelle dans les chroniques délicates. Dans* Still Walking, *plusieurs générations étaient réunies autour de parents âgés. Impossible d'oublier cette mère qui, durant tout le film, faisait la cuisine…*

Still Walking est un hommage à ma mère. Elle travaillait beaucoup et ne préparait jamais de plats très sophistiqués, mais dans la plupart des souvenirs que j'ai gardés d'elle, elle est occupée à faire à manger.

La cuisine de ma mère me renvoie à des tas de moments, et pas seulement à des moments heureux. C'est pour cela que dans ce film j'ai choisi des recettes comme le tempura, l'anguille ou les boulettes sucrées *shiratama*, chacune étant liée à des émotions différentes comme le bonheur, la colère, la tristesse ou la joie.

Le tempura de maïs est à la fois l'une de mes recettes préférées et l'un des plats que ma mère me préparait souvent. De nos jours, on le cuisine de moins en moins à la maison car cela prend du temps et nécessite beaucoup de vaisselle. Au fil des époques, les plats que l'on met à l'honneur lors des réunions familiales évoluent, et c'est aussi par nostalgie de mon enfance que j'ai choisi cette recette.

Traduit du japonais par Léa Le Dimna

Tômorokoshi-age ou le tempura de maïs

Ingrédients pour une quinzaine de beignets
- 3 épis de maïs
- ½ tasse + 1 cuil. à soupe de farine
- ½ cuil. à soupe de poudre à lever
- 1 jaune d'œuf
- Huile de friture
- Huile de sésame grillé
- Sel, poivre

Détacher les grains de maïs à l'aide d'un couteau et les placer dans un bol. Réserver.

Dans un saladier, verser la ½ tasse de farine, la poudre à lever, saler, poivrer. Placer au frais avant de s'en servir pour que le tempura soit croustillant.

Dans un saladier plus large, mélanger le jaune d'œuf avec une ½ tasse d'eau froide (indispensable pour un résultat croustillant).

Ajouter la première préparation et mélanger pour former une pâte.

Dans le bol de maïs, ajouter la cuil. à soupe de farine restante, puis incorporer à la pâte.

Retirer le maïs de la pâte avec une écumoire et former des petits tas. Ajouter une touche d'huile de sésame sur chaque galette avant de les faire frire.

Préparer un grand bain de friture.
Quand l'huile est chaude, à l'aide d'une louche, glisser délicatement les galettes de maïs dans la friture, l'une après l'autre.

Les galettes étant froides, elles vont grésiller.
Ne pas en mettre trop en même temps, les cuire par petites séries.

Lorsqu'elles sont dorées, les retirer.

Matilde Incerti

Des corons à Cannes

Matilde travaille dans le cinéma. Nous parlons films évidemment, mais nous avons vite su que nous pouvions aussi évoquer nos mères ensemble.

ILS RESSEMBLAIENT à des personnages de Rossellini, deux vieux Italiens assis dans leur coin et qui observent. Cette image est venue à l'esprit de leur fille Matilde. C'était la première du film *La Pianiste* de Michael Haneke. Elle avait eu envie que ses parents voient son métier de près. Ils en étaient fiers, mais ils ne savaient pas très bien en quoi cela consistait, « attachée de presse de cinéma ». Si ce n'est que ça avait été un long chemin depuis les corons du Nord.

Venu de Calabre, Ferruccio, le père, mineur, avait travaillé pendant trente ans de nuit, par trois cents mètres de fond, à la fosse Ledoux de Condé-sur-l'Escaut. Les femmes de mineurs ne travaillaient pas, elles se contentaient de tenir le monde debout… Le maximum dont Eralda, la mère, pouvait rêver pour sa fille était qu'elle devienne institutrice.

La réunion au sommet des Italiennes de la cité avait lieu au magasin Carrefour, nouveau temple qui avait fini par remplacer l'église. Quand le film *Le Goût de la cerise* d'Abbas Kiarostami, dont Matilde était l'attachée de presse, avait remporté la Palme d'or à Cannes, sa mère avait offert une tournée générale d'expressos à la cafétéria avec congratulations en italien, comme si c'était sa fille qui avait remporté le trophée !

Beaucoup d'étrangers travaillaient à la mine : des Polonais, des Marocains, des Italiens ; chaque communauté vivait un peu en vase clos, tout en entretenant de bonnes relations avec les autres. Tant et si bien qu'Eralda a pu vivre en France en ne parlant quasiment que l'italien.

La fierté circule dans les deux sens, des parents vers les enfants, comme des enfants vers les parents. Dans la bouche de leur fille on entend les mots « courage », « abnégation », « gratitude », « valeurs », « racines ».

La cuisine prend sa part dans l'histoire commune… Le sac bourré de victuailles avec lequel Matilde repartait de Condé-sur-l'Escaut après y avoir passé le week-end ; les trois repas par jour que sa mère avait cuisinés toute sa vie, avec les légumes cultivés dans leur jardin ouvrier ; son savoir-faire perfectionné au fil du temps, depuis que les parents d'Eralda l'avaient placée comme cuisinière, à seize ans, dans une riche famille de Calabre.

Parmi ses plats fétiches, les lasagnes, à tomber, célèbres bien au-delà de Condé-sur-l'Escaut !

Les lasagne al forno

Ingrédients

Pour la pâte

- 500 g de farine
- 5 œufs
- 1 cuil. à café d'huile d'olive
- Sel

Pour la sauce

- 1 oignon
- 350 g de bœuf haché
- 1 carotte
- 1 branche de céleri
- 1 l de coulis de tomate
- Noix muscade
- Huile d'olive
- Sel, poivre
- *Facultatif* : 300 g de champignons, ou petits pois, ou courgettes

Pour le dressage

- Parmesan râpé
- Gruyère râpé
- 2 boules de mozzarella

La pasta all'uovo fresca

Mettre la farine sur un plan de travail et faire un puits au milieu. Casser les œufs, ajouter l'huile d'olive et une pincée de sel.

Mélanger du bout des doigts et pétrir jusqu'à obtenir une pâte élastique.

L'envelopper dans du film alimentaire et laisser reposer 1 h au réfrigérateur.

Étaler la pâte. Si besoin, mettre un peu de farine sur le plan de travail et mouiller très légèrement la boule. La découper pour la passer dans une machine à pâtes et former de grands rectangles.

On peut aussi utiliser les lasagnes du commerce, on en trouve des fraîches.

La sauce ragu

Faire revenir l'oignon dans l'huile d'olive.

Ajouter la viande et faire dorer.

Découper la carotte et le céleri en petits morceaux et les incorporer à la viande.

On peut ajouter des champignons émincés, ou des petits pois, ou des courgettes découpées en petits morceaux.

Puis ajouter les tomates : soit 1 litre de coulis de tomate fait maison, soit 3 boîtes de tomates au naturel non cuisinées (concasser les tomates en morceaux et utiliser aussi le jus).

Saler, poivrer et ajouter un peu de muscade râpée.

Laisser mijoter le plus longtemps possible. Plus la préparation cuit, meilleur c'est.

Le dressage

Préchauffer le four à 180 °C (th. 6).

Préparer 3 bols de fromages différents :
un de parmesan râpé, un de gruyère râpé,
un de mozzarella coupée en petits morceaux.

Dans le plat à gratin, mettre une couche
de sauce tomate. Puis alterner lasagne, sauce,
fromages, jusqu'à épuisement des ingrédients.

Faire cuire environ 30 min au four.

Déguster chaud. *Buon' appetito !*

Maurice Benassayag

La première gorgée d'eau de Vichy

Maurice Benassayag a exercé de nombreuses fonctions officielles auprès de François Mitterrand. On peut ajouter que c'est un homme plein d'humour. Il n'est pas exclu qu'il force un peu le trait, pour la beauté de l'exercice, en prétendant que sa chère maman pourrait avoir une responsabilité dans sa légendaire hypocondrie...

Tout a commencé avec un verre d'eau de Vichy. Nous vivions en Algérie et nous étions une famille de gauche ; mon père était maire adjoint de Tiaret, commune de 15000 habitants des hauts plateaux oranais.

Mais de gauche comme de droite, il fallait se rendre l'été dans les villes d'eau de la métropole !

Les colons, pendant la période des moissons, envoyaient femmes et enfants en éclaireurs en France faire des cures thermales, avant de les rejoindre. Qu'à cela ne tienne ! Notre histoire familiale n'avait rien à voir avec la colonisation, nous n'avions pas le moindre hectare de terre, mais nous allions nous aussi en cure ! La Bourboule et Châtel-Guyon pour les enfants, puis Vichy pour les parents, accompagnés des enfants qu'on n'allait pas priver des bénéfices de l'eau de Vichy ! La tournée des grands ducs, à l'eau tiède... Je ne souffrais de rien mais j'ai bu ces eaux censées, pensait-on, soigner des maladies dites « tropicales »... De là doit venir ma « petite » tendance à l'hypocondrie !

Pour la cuisine aussi, il fallait que ce soit français, mais pas exclusivement. Ma mère faisait des piments marinés dans de grandes jarres, des salades de grenades et des cigares au miel. Aux côtés desquels voisinaient des rôtis bien français, des ris de veau et le fameux gigot piqué d'ail. J'ai toujours détesté l'ail... Ma mère prétendait qu'elle n'en mettait pas et elle enlevait discrètement les morceaux en cuisine avant d'apporter le gigot à table. La bataille de l'ail, entre nous, a duré des décennies...

Le chic vestimentaire à la française, ou tout au moins l'idée que ma mère s'en faisait, a eu pour conséquence qu'à partir de douze ans j'ai porté un casque colonial l'été et un passe-montagne l'hiver !

Ma mère s'est inquiétée de tout ce qui me concernait. Parfois à raison, quand elle craignait que mes opinions de gauche professées un peu trop haut ne m'attirent des représailles de l'OAS, parfois sans raison, quand elle décrétait qu'il était dangereux de prendre des bains de mer après le 15 août...

J'ai tout aimé chez ma mère. Pendant toute ma vie. Même ses excès d'affection... Elle était drôle, élégante, et elle adorait la littérature. Mais là où elle m'a épaté, c'est quand elle m'a laissé partir à dix-sept ans. Elle m'avait abreuvé d'eau de Vichy, empêché de me baigner, mais elle m'avait laissé aller en pension à Toulouse, et ça, c'était de l'amour !

Le gigot confit

Ingrédients

- 1 beau gigot d'agneau (dans l'idéal, agneau de lait)
- 3 gousses d'ail
- Persil
- Estragon
- Sel, poivre

Préchauffer le four à 220 °C (th. 7).

Placer le gigot dans un plat allant au four. Saler, poivrer.

Le faire bien griller de tous les côtés pendant 20 min.

Le sortir du four, faire trois fentes dans la peau pour y loger une gousse d'ail dans chacune.

Remettre dans un four moyen-doux à 160 °C (th. 5) pendant 3 h pour qu'il soit très cuit, quasi confit. Il faut qu'il soit rôti à l'extérieur et fondant à l'intérieur.

Préparer une petite sauce avec le jus du gigot et un hachis généreux de persil et d'estragon. Allonger avec un peu d'eau chaude si nécessaire.

Retirer l'ail avant de servir.

Jacqueline Pradel

Il n'est jamais trop tard

J'ai connu Jacqueline réalisant des prodiges pour aller dans la Creuse s'occuper de sa mère. C'est qu'elles s'étaient retrouvées, ou plutôt trouvées sur le tard…

MA MÈRE EST DEVENUE TENDRE à l'âge de soixante ans, mais heureusement elle a vécu jusqu'à cent ans…

Entre nous deux, l'ordre habituel des choses a été quelque peu inversé. Cet essentiel, la douceur maternelle dont je pensais être à jamais privée, je l'ai finalement reçu tard, et j'en suis encore émerveillée… Elle qui avait été si peu tactile me touchait, m'embrassait !

Je dis souvent en riant que ma mère, c'était Elizabeth Taylor dans *Géant* : une citadine cultivée qui, après avoir passé son bac à Oran en 1939, avait épousé par amour un « colon des hauts plateaux », mon père. L'image est romanesque, la réalité l'était moins, car ma mère, loin de ses distractions de lycéenne, avait transféré ses ambitions sur ses enfants… Elle nous adorait avec grande sévérité, implacable dans la marche vers la réussite dont elle avait rêvé pour nous.

Même les souvenirs culinaires de cette époque sont âpres. C'est impressionnant pour des enfants qui voient des pintades gambader en liberté dans la ferme de les retrouver dans leur assiette…

Et voilà qu'à la soixantaine la bascule s'opère ! Ma mère se découvre un goût pour le bonheur, les petits-enfants l'attendrissent. À cette même époque, j'accède à la direction d'une importante entreprise et cela comble ses rêves de réussite. Elle peut enfin baisser la garde…

Le « réchauffement climatique » maternel a eu aussi sa traduction culinaire. Cela peut sembler anecdotique, mais pas tant que cela…

Adieu les pintades ! La cuisine devient chaleureuse. Elle fait du riz à l'oranaise, pour nous deux ou en quantités astronomiques quand elle réunit la famille dans sa maison de la Creuse… Le goût riche de ce riz que l'on partage symbolise ce bonheur arrivé tard.

La tendresse maternelle, qui m'a tellement manqué dans l'enfance, je l'ai découverte avec bonheur à l'âge adulte. Je me souviens de l'avoir emmenée écouter un opéra de Haendel à Aix-en-Provence. Elle le connaissait par cœur ! Elle l'avait appris, adolescente, chez les bonnes sœurs à Oran et s'en souvenait encore, paroles et musique, à quatre-vingt-deux ans… Comme elle était un peu sourde, elle ne se rendait pas compte qu'elle chantait un peu fort, sous le regard attendri de nos voisins de gradins… Ni eux ni moi n'avons mis fin à ce moment délicieux que je n'oublierai jamais.

Nous avons été dans la joie des retrouvailles, cela a rendu sa vieillesse plus douce, pour elle et pour moi.

Le riz à l'oranaise

Car avant la Creuse il y a eu l'Algérie…

Ingrédients

- 3 ou 4 cuisses de poulet
- Échine de porc ou lard maigre
- 1 tête entière d'ail épluché
- 2 tomates
- 1 petite boîte de concentré de tomate
- Persil frais
- 1 feuille de laurier
- ½ cuil. à café de curcuma
- ½ cuil. à café de paprika
- Riz (1 verre pour 2 pers.)
- Petits pois
- Cœurs d'artichaut
- 2 poivrons rouges
- Un peu de poivron rouge et de poivron vert pour la décoration
- ½ verre d'huile d'olive
- Sel, poivre
- *Facultatif :* citron

Les poivrons devront être préalablement grillés, épluchés et déchirés en lamelles assez épaisses.

Dans une poêle à paella, faire revenir l'ail dans l'huile. Le sortir de la poêle et réserver.

Découper le porc en gros dés de 4-5 cm de côté. Dans la même huile, faire revenir le poulet et le porc. Lorsque les viandes sont bien colorées, les sortir du feu et réserver.

Peler et découper les tomates en morceaux. Les faire revenir avec le concentré, toujours dans la même huile.

Ajouter le persil, la feuille de laurier, les épices, le sel, le poivre. À doser selon les goûts de chacun.

Remettre les viandes dans la poêle et arroser d'un litre d'eau.

Lorsque les viandes sont cuites, verser le riz dans le bouillon. Ajouter les petits pois, les cœurs d'artichaut et les poivrons.

Il faut que le riz ait absorbé toute l'eau en fin de cuisson (moment un peu délicat à surveiller).

Servir dans la poêle avec quelques lamelles de poivron rouge et de poivron vert en décoration.

Ajouter un petit jet de citron pressé dans son assiette, c'est très bon et ça facilite la digestion !

Élisabeth Scotto

La petite dernière

Il se pourrait bien que certaines recettes fétiches de ma mère proviennent des fiches cuisine de ELLE… *Élisabeth Scotto les a rédigées pour le magazine entre 2000 et 2016. Si elle est entrée ainsi dans beaucoup de familles, c'est peut-être parce qu'elle-même n'avait pas oublié la chaleur de ses origines.*

L'Algérie, un village au bord de la mer, une jeune femme entourée d'un essaim d'enfants… J'ai cette image en moi de Marie, ma mère. Tout est parti de là. Il est possible que j'aie inconsciemment mis d'elle dans mes fiches cuisine.

Nous étions quatre filles, donc nous officiions en cuisine ! C'était une évidence à l'époque. Nous avions aussi appris à faire du tricot, de la couture, à devenir des filles « parfaites » selon les schémas en vigueur, car nous vivions comme on vivait en France au siècle précédent. Mais en même temps, ma mère nous a poussées à faire des études.

La nourriture était un élément naturel dans notre famille. Mon grand-père était pêcheur, mon père dirigeait une sardinerie et, pour la saison de la pêche, ma mère allait aider à l'usine. Nous consacrions beaucoup de temps à la cuisine.

J'étais la plus jeune. Au début, je regardais les autres travailler : ma sœur aînée réalisant les nougats, ma mère préparant aussi bien une poularde demi-deuil qu'un couscous inspiré de nos voisins algériens. Et puis je me suis mise à aider. Une image se détache… Dans la grande cour couverte de la maison, nous étalions sur une longue table la pâte à raviolis. Nous n'avions pas de laminoir, alors tout se faisait à la main. Nous confectionnions la farce ensemble, une farce au veau et aux blettes…

Ce tableau d'un moment de bonheur parfait avec ma mère a éclipsé les autres souvenirs. Il symbolise une enfance qui ensuite ne sera plus la même, quand il a fallu partir, quitter l'Algérie pour Marseille. J'avais dix ans et je suis celle parmi mes sœurs qui est restée le plus longtemps avec notre mère. Je l'ai vue devenir plus triste, tout en essayant de me le cacher… Mais faire la cuisine ensemble est resté un plaisir.

Les raviolis farcis au veau et aux blettes, en sauce tomate

Ingrédients

- 2 gousses d'ail
- 400 g de pulpe de tomates fraîches
- 1 feuille de laurier
- Sucre en poudre
- 500 g d'épaule de veau, désossée et dégraissée
- 500 g de vert de blettes ou de jeunes épinards
- 400 g de farine de blé blanche
- 3 œufs
- Quelques pincées de zeste de citron bio râpé
- 8 pincées de noix muscade râpée
- Parmesan finement et fraîchement râpé
- 50 g de beurre
- 5 cuil. à soupe d'huile d'olive
- Sel de mer fin, poivre

Préparer la sauce tomate : faire blondir les gousses d'ail hachées dans 1 cuil. à soupe d'huile d'olive. Ajouter la pulpe de tomates fraîches hachée finement, puis la feuille de laurier, et laisser cuire 15 à 20 min à feu modéré, en remuant souvent. Saler en fin de cuisson et ajouter quelques pincées de sucre si l'on trouve la sauce un peu trop acide.

Préparer la pâte : tamiser la farine sur le plan de travail. Faire un puits au centre, ajouter ⅓ de cuil.

à café de sel, 2 cuil. à soupe d'huile et autant d'eau, et y casser 2 œufs. Du bout des doigts, mélanger les éléments liquides à la farine, jusqu'à obtention d'une pâte lisse et homogène. Laisser reposer le temps de préparer la garniture.

Préparer la farce : couper la viande en cubes de 4 cm. Faire chauffer 2 cuil. à soupe d'huile dans une sauteuse et y faire dorer la viande sur toutes ses faces. Saler et poivrer. Mouiller de 3 cuil. à soupe d'eau, couvrir la sauteuse et laisser cuire à feu très doux, 30 min environ, le temps que la viande soit très tendre. Ajouter de l'eau si nécessaire.

Pendant ce temps, rincer le vert de blettes et l'égoutter. Lorsque la viande est tendre, ajouter les blettes dans la sauteuse, saler, couvrir et les laisser faner 5 min. Laisser tiédir.

Passer le contenu de la sauteuse au hachoir à viande de préférence, ou au robot, puis le verser dans une terrine. Ajouter l'œuf restant, le zeste de citron et la muscade. Mélanger.

Diviser la boule de pâte en deux. Étaler les deux moitiés très finement. En poser une sur le plan de travail, puis déposer des petits tas de farce sur la pâte en les espaçant de 3 cm. Passer un pinceau trempé dans de l'eau tout autour des petits tas de farce. Couvrir de la seconde moitié de pâte. Bien appuyer entre chaque tas de farce pour faire adhérer les deux feuilles entre elles.

Découper ensuite les raviolis en carrés, à l'aide d'une lame lisse ou d'une roulette dentelée.

Plonger les raviolis dans une grande quantité d'eau bouillante salée. Dès qu'ils remontent à la surface, compter 2 à 3 min puis les goûter : ils doivent être cuits *al dente*.
Les retirer alors avec une écumoire et égoutter dans une passoire.

Mettre les raviolis dans un plat de service et ajouter le beurre. Mélanger, napper de sauce tomate et mélanger encore, délicatement.
Poudrer d'un voile de parmesan et servir aussitôt, avec du parmesan sur la table.

Si l'on prépare les raviolis à l'avance, les napper de sauce tomate, saupoudrer de parmesan et les passer au four pour les gratiner.

Jean

Le cahier de Marguerite

Jean est mon beau-père. Avant de le connaître, j'avais étudié la politique économique à partir d'un de ses ouvrages. Mon livre lui a permis, lui si pudique, d'évoquer sa mère tant aimée et de me faire un magnifique présent.

Au moment où Jean et moi discutons, le XXIe siècle est déjà bien entamé.

Jean est né en 1925.

Marguerite, sa mère, a vu le jour en 1894.

Discussion à cheval sur trois siècles…

Jean est bienveillant, sensible, mais les débordements ne sont pas dans sa culture. C'est aussi un homme qui dans sa vie professionnelle a exercé des responsabilités, rompu, on peut l'imaginer, au contrôle de soi. Et pourtant, chaque fois qu'il dit « ma mère », cela peut être bref, juste une allusion, toujours dans la retenue, chaque fois, même à quatre-vingt-sept ans, il y a quelque chose de bouleversant… Jean avait treize ans quand elle est morte, et tout semble intact, cette stupeur d'avoir, comme on dit, « perdu sa mère ».

Ce livre l'autorisait, d'une certaine manière, à parler sentiments et à raconter ce qu'il n'avait peut-être jamais dit. À la mort de sa mère, il était donc adolescent, sans prévenir personne il avait pris rendez-vous avec le médecin qui l'avait soignée pour lui dire : « Vous n'avez pas pu sauver ma mère. »

Pour appréhender le monde de Marguerite, il remonte très loin dans le temps. Elle appartenait à une famille protestante qui avait fui la France après la révocation de l'édit de Nantes, pour revenir pendant la Révolution française. Marguerite se sentait issue de cette histoire ; elle a transmis à son fils sa spiritualité, sa bible, son respect pour l'école pourvoyeuse de savoir, une immense tendresse dont il porte encore le manque et… son livre de cuisine qu'elle a tenu entre 1920 et 1938. Il me l'a offert, sans dire bien sûr qu'il me donnait là une des choses à laquelle il tenait le plus.

Le cahier de Marguerite est relié, jauni, mais en bon état, l'écriture à la plume est harmonieuse et très lisible. Certaines recettes ont donc cent ans… Faire la cuisine à l'époque, c'était quelque chose ! Ainsi, dans la recette du pâté de foie gras truffé, elle explique qu'elle place sa préparation dans une boîte en métal qu'elle porte ensuite chez le soudeur. Elle fabriquait elle-même ses boîtes de conserve ! Et elle va jusqu'à recommander de vérifier leur étanchéité en les plongeant dans l'eau – la moindre bulle d'air exigeant un retour chez l'artisan…

Entre les pages de ce livre, j'ai trouvé une lettre manuscrite à mon attention, de la main de Jean, avec des mots du cœur pour sa mère. Peut-être est-il moins difficile d'écrire certaines choses que de les dire… En voici un extrait : « De ma mère inoubliable, le message qu'elle adresse aux plus proches de sa famille par la voix d'un simple livre de cuisine va bien au-delà de la transmission d'un savoir-faire ordinaire et banal. Au cœur d'une intime relation de sympathie et d'amour, il reflète la profondeur d'un échange de sentiments. […] Ma mère est là, attentive, bien vivante, femme de goûts, de goût… et d'amour. Pour son enfant, j'espère… Qui revit profondément avec elle… Et elle aussi, je la sens, je l'éprouve, "revivante". »

La sole à la normande

Voici une recette qui a résisté au temps, telle que Marguerite l'a écrite.

Ingrédients
- 2 soles
- 1 échalote
- Jus de champignon
- Vin blanc
- Bouquet garni
- Beurre
- Farine
- Sel, poivre
- *Facultatif* : 250 g de crevettes

Lever les filets de deux soles de taille moyenne en faisait une fente le long de l'épine dorsale avec la lame d'un couteau.

D'autre part (mais ce n'est pas indispensable), éplucher les crevettes.

Mettre dans une casserole un peu de vin blanc, un peu d'eau, du sel, du poivre, un bouquet garni, une échalote, quelques épluchures de crevettes et les débris de sole. Laisser bouillir une demi-heure. Passer au tamis. Y mettre alors les filets de sole. (On comprend que c'est hors du feu.)

D'autre part, mettre un morceau de beurre dans une casserole avec une cuillerée de farine.

Faire un roux blanc. Mouiller avec le court-bouillon. Y ajouter un jus de champignon. Laisser faire un bouillon.

Ranger alors les filets de sole sur un plat allant au four.

Les parer avec quelques crevettes. Verser dessus la sauce.

Les faire glacer au four doux, sans bouillir.

Lison Macklovitch

L'odeur de chez ma mère

Lison Macklovitch a passé une partie de son enfance au Maroc, où je l'ai connue. Elle était toujours la première de la classe, mais elle était si gentille qu'on ne lui en voulait pas... Puis sa famille a émigré au Canada, où elle vit toujours.

ENFANTS, mes fils avaient le nez fin... Dès l'entrée de l'immeuble où mes parents habitaient à Montréal, ils annonçaient : « Mamy a fait l'omelette ! » Il s'agissait de l'omelette au four, dite « omelette de Simy », de son prénom. C'était son plat fétiche rapporté du Maroc, car elle savait qu'il était adoré. Pour moi, toute ma vie, ça a été « l'odeur de chez ma mère ». Est-ce le safran en quantité légère mêlé au jus de citron et au persil qui générait ce fumet affolant ? Peut-être... Ces effluves me ramènent à différents moments de ma vie.

Après notre installation au Canada, ma mère a travaillé comme retoucheuse dans une boutique qui faisait des nocturnes certains soirs de la semaine. En hiver, le retour à la maison, de nuit et sous la neige, n'était pas évident. Mais même ces jours-là mon père n'envisageait pas de se contenter d'un steak. Une épouse se devait de « faire la cuisine », quitte à préparer le repas à l'avance. C'était alors le modèle en vigueur des relations hommes-femmes, ma mère n'en faisait pas tout un plat. Elle ne me demandait cependant jamais de l'aider en cuisine, alors que j'étais l'unique fille de la fratrie, elle préférait me laisser étudier. C'est plus tard que j'ai compris qu'elle rêvait que je devienne une femme indépendante…

Ma mère a donc cuisiné de « bons petits plats » toute sa vie, en toutes circonstances, et avec le sourire car elle était chaleureuse. Elle tenait à ce que nous mangions de bonnes choses, comme cette fameuse omelette au four ressemblant à un gros gâteau dont elle découpait des tranches. Et le comble du bonheur pour moi, c'étaient les jours où elle accompagnait ce plat d'une vinaigrette au jus de tomate, parfumée à l'huile d'argan et au cumin. Elle la préparait juste pour moi – j'étais la petite dernière chérie.

Simy avait inventé cette vinaigrette « de récupération » avec le jus que d'ordinaire on jette quand on prépare une sauce tomate. J'aimais y tremper des mouillettes de pain maison.

Plus tard, j'ai essayé de la refaire. C'était bon, mais il manquait quelque chose. Peut-être le soleil qui, entré par la fenêtre de la cuisine, traversait la pièce pour illuminer ma potion magique… Peut-être l'amour d'une maman qui prépare avec tendresse une recette pour sa petite fille… Peut-être la petite fille…

L'omelette au four et sa vinaigrette à la tomate

Ingrédients

- 300 g de pommes de terre à purée
- 2 petites carottes coupées en dés
- 250 g de petits pois
- 2 cuil. à soupe de persil haché fin
- 1 citron (jus)
- 20 cl d'huile de tournesol
- 2 ou 3 filaments de safran dilués dans l'eau tiède
- 8 œufs
- 1 cuil. à café de sel
- Poivre du moulin
- *Facultatif* : ½ citron confit haché mince

Pour la vinaigrette

- Jus de tomate (avec les pépins et sans la chair)
- Huile d'argan
- Cumin
- Sel, poivre

Préchauffer le four à 180 °C (th. 6).

Éplucher, laver et faire bouillir les pommes de terre dans une marmite.

Éplucher, laver et faire bouillir les carottes et les petits pois dans une autre casserole.

Égoutter les pommes de terre et les remettre dans la casserole sur le feu quelques instants pour bien les faire sécher, puis les écraser à la fourchette dans un saladier.

Ajouter tous les autres ingrédients : carottes, petit pois, jus de citron, citron confit, persil, safran, sel, poivre.

Ajouter les œufs un à un, en remuant avec une fourchette avant de passer au suivant.

Faire chauffer l'huile de tournesol dans une casserole d'environ 25 cm de diamètre et pouvant aller au four.

Lorsque l'huile est bien chaude, incliner la casserole de manière à ce que l'huile recouvre bien les parois.

Verser la préparation sans remplir jusqu'en haut car l'omelette monte. Laisser cuire 2-3 min avant de placer la casserole dans le four pour environ 45 min.

Lorsque l'omelette est bien dorée, la retirer du four. La laisser refroidir un peu avant de la démouler.

Pour la vinaigrette, si vous avez eu l'occasion de réaliser une sauce tomate avec uniquement la chair des fruits, récupérer le jus et les pépins. Assaisonner ce jus avec sel, poivre, cumin et huile d'argan.

Servir avec du pain maison.

Caroline

Colette, le sens de la fête

Colette a joué un rôle central dans cette famille. Et pour tous ses membres, à commencer par ses filles, une fête sans « le goût de Colette » n'en serait pas une.

ENFANTS, elles aimaient l'ambiance des préparatifs. Caroline et sa plus jeune sœur ont grandi avec le sens de la fête de leur mère Colette, le sens de la famille. Elles en ont été bien sûr les premières bénéficiaires, entre autres bienfaits maternels, mais pas les seules.

Aînée d'une fratrie, Colette a aussi été une seconde mère pour ses frères, et le lien ne s'est pas émoussé avec le temps. Au-delà de ce premier cercle, son sens de la diplomatie fait converger vers elle les petits et les grands problèmes rencontrés par des membres de la famille élargie. Sourire, thé et paroles sages souvent suffisent, mais parfois il faut plus : billard à trois bandes, négociations multipartites… Du Coppola, la mafia en moins, l'honnêteté en plus.

Une fête est donc plus qu'une fête, c'est une manière de célébrer la famille. Et c'est cela qui nécessite en amont toute une organisation. Le menu doit être validé, en suivant l'ordre des générations, puis on consulte le « cahier des fêtes » où sont répertoriés les menus déjà servis et le nom des convives pour ne pas se répéter.

Pour les grands événements chez les proches, naissance ou mariages, pour lesquels plusieurs jours de festivités sont prévus en plus de la réception principale confiée à un traiteur, il va de soi que Colette organise. La fête n'aurait pas le même goût sans cela. Il y a foule en cuisine, avec des tantes et des cousines, et une hiérarchie tacite s'installe entre les plus capées et les autres, dévolues aux tâches non qualifiées, mais elles n'échangeraient pas leur place contre un dîner dans un restaurant étoilé... Car on rit beaucoup, on goûte au passage, et les souvenirs se forgent là. Le but n'est pas d'épater mais de créer l'atmosphère que chacun espère retrouver, qui passe beaucoup par les saveurs avec les incontournables « petites salades » dans lesquelles Colette excelle. Grands classiques de la cuisine marocaine aux noms trompeurs... La quantité de travail requise est en effet inversement proportionnelle à leur dénomination. Des plats qui, en plus d'être bons, doivent être beaux, car on ne transige pas sur la présentation.

Que le goût de leur mère parle au cœur de tous, cela amuse les filles de Colette, et surtout cela les touche.

Tout en peaufinant les détails de la fête, car on n'a pas parlé de la vaisselle et des fleurs, Colette conseille à ses filles de ne pas pousser aussi loin qu'elle le souci de perfection. Exigence héritée de sa propre mère qui aimait raconter que, jeune mariée, elle avait préféré acheter une ménagère en argent à un vendeur particulièrement convaincant plutôt qu'utiliser leurs économies comme apport pour l'achat d'une maison…

Les petites salades

L'usage est d'en poser plusieurs sur la table, dans de petites assiettes, en jouant sur les couleurs. C'est une mise en bouche : on goûte ces salades plus qu'on ne les dévore, car d'autres plats vont suivre. Chaque cuisinier ou cuisinière, à partir de bases communes, joue ses propres variations. Voici les « petites salades » de Colette avec, en vedette, les aubergines.

Salade d'aubergines

Ingrédients

- 2 aubergines
- 2 gousses d'ail
- 1 tomate râpée
- 1 cuil. à café de paprika doux ou fort
- Cumin
- Huile neutre
- Sel, poivre

Éplucher les aubergines en laissant de la peau à intervalles réguliers.

Les couper en gros cubes. Les faire frire à feu modéré pour qu'elles dorent doucement.
Les égoutter dans une passoire pour récupérer un peu d'huile, puis les étaler sur du papier absorbant, à changer plusieurs fois.

Dans une casserole, presser l'ail, ajouter la tomate râpée, le paprika, saler et poivrer. Laisser réduire, puis ajouter les aubergines frites, qui vont finir par rendre leur huile. Rectifier l'assaisonnement en ajoutant une pointe de cumin et laisser refroidir.

Aubergines au citron confit

Ingrédients

- 2 aubergines
- 2 grosses gousses d'ail
- 1 poivron rouge
- 1 citron confit
- Persil
- Huile neutre
- Sel

Éplucher les aubergines comme précédemment. Les couper en rondelles assez épaisses (un peu moins de 1 cm). Les faire frire aussi à feu moyen et les dégorger dans une passoire en les pressant très délicatement pour récupérer le maximum d'huile. Laisser refroidir.

Pendant ce temps, passer le poivron sous le gril du four. Après cuisson, retirer la peau et les pépins, puis le découper en lanières très fines.

Dans une casserole, presser l'ail, ajouter le poivron, le citron confit coupé en petits dés, puis les rondelles d'aubergines coupées en quatre. Saler. En fin de cuisson, ajouter du persil coupé au ciseau pour qu'il reste bien vert.

C'est une très jolie salade où le doré des aubergines se marie au rouge du poivron, au jaune du citron et au vert du persil.

Aubergines à la chermoula

Ingrédients

- 2 aubergines
- 2 gousses d'ail
- 1 cuil. à café de paprika
- Cumin
- 4 cuil. à soupe de vinaigre blanc
- 1 petit bouquet de persil
- Huile neutre
- Sel

Couper les aubergines avec leur peau en tranches épaisses. Les faire frire, puis les égoutter en prenant garde de les laisser entières.

Dans un petit bol, presser l'ail, ajouter le paprika, du sel, du cumin, le vinaigre blanc, le persil haché. Bien mélanger et verser sur les aubergines. Veiller à ce que toutes soient bien imprégnées en les mettant dans un grand plat pour les arroser uniformément.

Salade d'aubergines grillées

Ingrédients

- 2 aubergines
- Chair de 4 tomates fraîches
- 2 gousses d'ail
- Cumin
- Coriandre
- Vinaigre ou jus de citron
- Sel, poivre

Seule recette light, ou presque !

Faire griller les aubergines entières sous le gril du four (ou cuire au micro-ondes, enveloppées dans du film transparent).

Racler la chair avec une cuillère. Réserver.

Préparer une sauce tomate avec la chair de tomates fraîches, l'ail pressé, du sel, du poivre, du cumin. Ajouter les aubergines, une fois cette sauce un peu réduite. Ajouter du vinaigre ou, si l'on préfère, du jus de citron.
Ajouter la coriandre ciselée.
Rectifier l'assaisonnement si nécessaire.
Cette salade se mange tiède ou froide.

Salade de blettes

Ingrédients

- 1 ou 2 bottes de blettes
- 2 gousses d'ail
- 1 cuil. à café de paprika doux
- 1 cuil. à café de cumin
- 1 citron (jus)
- Olives concassées
- Citron confit
- 3 cuil. à soupe d'huile neutre
- Sel, poivre

Éplucher les blettes en gardant les feuilles. Les couper en petites lamelles, bien les laver et les faire bouillir 15 min.

Préparer une sauce avec l'huile, l'ail pressé, le paprika doux, du sel, du poivre, le cumin et le jus de citron.

Presser les blettes pour ôter l'eau et les ajouter à cette sauce. Puis ajouter des moitiés d'olives concassées et, pour la décoration, des lamelles de citron confit.

Salade d'olives concassées

Ingrédients

- 250 g d'olives rouges dénoyautées
- 1 grosse tomate ou tomates concassées en boîte
- 2 gousses d'ail
- 1 cuil. à café de cumin
- 1 cuil. à café de piment doux
- 3 cuil. à soupe d'huile neutre
- Sel

Faire tremper les olives toute une nuit pour enlever leur amertume.

Préparer une sauce avec la tomate râpée ou le tiers de la boîte de tomates concassées, l'ail pressé, l'huile, le cumin, le piment doux, une bonne pincée de sel. Laisser cuire 15 min.

Ajouter les olives, couvrir d'eau et faire cuire 30 min jusqu'à réduction de la sauce.
Les olives doivent être tendres, sans se défaire.

Salade de fèves

Ingrédients

- 500 g de fèves fraîches ou 1 paquet de fèves sans peau surgelées
- 2 citrons confits
- 2 gousses d'ail
- ½ botte de coriandre
- 1 cuil. à café de curcuma
- 2 cuil. à soupe d'huile d'olive
- ½ cuil. à café de sel

En saison, prendre des fèves fraîches que l'on aura pelées (sinon un paquet de fèves sans peau surgelées).

Mettre à cuire les citrons confits coupés en petits morceaux, l'ail pressé, la coriandre ciselée (en garder un peu), le curcuma, le sel avec 2 verres d'eau. Faire bouillir.

Ajouter les fèves. Cuire à découvert, les fèves ayant tendance à se défaire.
En fin de cuisson, arroser d'huile d'olive et du reste de coriandre ciselée.

Monica Donati

La cuisine pour s'intégrer

Monica Donati travaille dans le cinéma. Elle retourne souvent dans son pays d'origine, l'Italie. Chez sa mère, au milieu des oliviers. Le lien avec ses racines est très fort.

NAPOLITAINE venue travailler en Toscane à la fin des années 1950, du Sud pauvre au Nord riche de l'Italie, ma mère Elvira fut considérée comme une étrangère dans son propre pays. Ce racisme-là est peut-être moins présent aujourd'hui, mais il a existé.

Une histoire d'immigration donc, qui ressemble à nombre d'autres, avec à l'origine la pauvreté.

Ses parents avaient un moulin et, à sept ans déjà, ma mère les aidait en portant des sacs de farine. Plus tard, là où elle a émigré, sa culture et même sa cuisine, napolitaines, étaient très peu considérées : au milieu des années 1960, lorsqu'elle a épousé mon père, un Toscan, celui-ci continuait dans les premiers temps à déjeuner chez sa mère, car il trouvait sa cuisine meilleure...

Elvira a eu l'intelligence de devenir toscane par la cuisine. Elle a trouvé le moyen de se former : elle lavait les assiettes chez un restaurateur, en échange de quoi il lui apprenait la cuisine régionale. Et c'est ainsi qu'elle a surpassé sa belle-mère en apportant la générosité du Sud au raffinement du Nord...

Elle pleurait en écoutant des chansons napolitaines, mais elle a creusé son sillon. Tout en faisant ce que l'on n'appelait pas encore des « petits boulots », comme polir de l'onyx ou coudre des chaussons, elle a pris la tête de la petite exploitation familiale d'huile d'olive. Mon père était policier municipal, les revenus de la terre n'étant pas suffisants pour faire vivre notre foyer.

Aujourd'hui, Elvira a quatre-vingt-huit ans et elle est passée au bio. Son huile, délicieuse, imprègne ses plats qui ont pour moi la saveur d'une enfance passée au milieu des oliviers et le parfum de la victoire sur les discriminations...

Les linguine con vongole, acciughe, noci, nocciole e pinoli

Les linguines aux palourdes, anchois, noix, noisettes et pignons de pin sont un plat typique de la cuisine napolitaine traditionnelle. Il se prépare en famille la veille de Noël (la Vigilia*), à Naples. C'est très simple et rapide, environ une demi-heure.*

Ingrédients

- 500 g de palourdes
- 1 poignée de noix
- 1 poignée de noisettes
- 40 g de pignons de pin
- 2 gousses d'ail
- 2 filets d'anchois à l'huile
- 1 botte de persil
- 400 g de linguines
- Huile d'olive vierge extra
- Sel, poivre

Laver soigneusement les palourdes en les laissant tremper dans de l'eau salée pendant 1 h. Renouveler l'opération au moins une fois.

Les placer dans une casserole sur le feu et couvrir (cela créera de la vapeur pour faciliter leur ouverture).
Une fois toutes les palourdes ouvertes, retirer la casserole du feu et laisser refroidir.

Décortiquer une partie des coquillages.

Filtrer leur eau de cuisson à l'aide d'un tamis. Réserver.

Écaler et hacher les noix et les noisettes. Ajouter les pignons et mettre le tout dans un bol.

Dans une casserole, faire chauffer l'ail émincé et les anchois avec un filet d'huile pendant 1 min, puis déposer les palourdes et les faire sauter pendant 1 min.

Verser l'eau des coquillages, ajouter les noix, les noisettes et les pignons de pin, puis le persil haché. Saler et poivrer.

Pour une cuisson parfaite, continuer d'ajouter de l'eau jusqu'à recouvrir complètement les ingrédients. Laisser cuire 30 min.

Pendant ce temps, chauffer l'eau pour la cuisson des linguines. Dès que l'eau bout, mettre les pâtes le temps recommandé.

Si la sauce a trop réduit, ajouter un peu de l'eau bouillante des pâtes.

Égoutter les pâtes, puis les verser dans la casserole contenant la sauce avec les palourdes non décortiquées.

Ajouter un filet d'huile d'olive.

Le goût de ma mère

La Marseillaise

Quand vous lirez la recette, il manquera les rires de ma mère ce jour-là, les « tu vois », « pas trop de ceci, pas trop de cela, mais un peu quand même... » qui ponctuaient l'énoncé. Et pas n'importe lequel : celui de la pastela, *plat traditionnel de son enfance à Marrakech, qui ressemble fort au hachis Parmentier, classique des brasseries françaises. Comme un pont entre deux cultures, chères à son cœur.*

Ma mère n'aimait pas le sport, le sport à la télévision encore moins. Mais foot ou rugby, dès que l'équipe de France jouait, un cri s'élevait : « Maman ! Mamie ! Georgette ! Georgia ! (selon qui l'appelait). Viens vite, c'est la *Marseillaise* ! »

Ma mère adorait la *Marseillaise*. Il fallait se taire et écouter, c'est tout juste s'il ne fallait pas se mettre debout.

Pour elle qui avait été naturalisée française, c'était une manière de marquer son attachement à la France. Elle continuerait bien sûr, toute sa vie, d'aimer ce Maroc où elle était née. Il y avait sur sa commode un petit flacon rempli de la terre rouge de Marrakech, sa ville natale. L'un n'empêchait pas l'autre.

La culture française, elle ne la découvrait pas en venant vivre à Paris, elle la chérissait depuis toujours.

J'avais pu en mesurer l'avantage, disons, scolaire... Car, entre autres talents, ma mère était très forte en rédaction, et parfois, quand l'inspiration me fuyait, elle ajoutait du piquant à mon texte enfantin, voire quelques citations. Souvenir : je dois avoir dix ans, l'enseignante me demande de qui est la phrase de fin de ma rédaction : « Que diable allait-il faire dans cette galère ? » La mauvaise conscience me fait répondre précipitamment : « De moi, de moi, madame ! » Rires de la classe... Au lieu de rendre à Molière ce qui appartenait aux *Fourberies de Scapin*.

Ma mère adorait aussi les jours d'élection. Nous allions voter en famille, en file indienne, elle en tête, et son enthousiasme était notre bonus... Elle ne remplissait pas un devoir électoral, elle jouissait pleinement de la chance de voter.

Elle était sidérée que ses petits-enfants laissent traîner leurs passeports chiffonnés. Seuls ceux qui sont nés ailleurs peuvent comprendre ce qu'était sa crainte de perdre ses papiers et son souci d'être en règle. Comme si elle risquait d'être expulsée le lendemain...

Une fois, ma mère avait prêté son appartement dans lequel il n'y avait pas de téléviseur, aussi son invité avait-il apporté son appareil. « Et la redevance, alors ! » Ma mère était sur des charbons ardents. Elle voulait la payer séance tenante, mais les choses avaient traîné en raison de mon peu d'enthousiasme à l'idée d'entreprendre les formalités... Nous marchions dans sa rue, un policier arrive en face de nous et je lance : « Maman, maman, tu avais raison, il vient pour toi, il vient pour la redevance ! » Elle sait que je plaisante, mais pendant une fraction de seconde elle joue à se faire peur. Avant d'éclater de rire...

E. B.

Le hachis Parmentier

Ingrédients
- 350 g de bœuf haché
- ½ botte de persil
- 1 oignon
- Paprika
- Piment d'Espelette
- Quelques pistils de safran dilués dans un peu d'eau chaude
- 2 à 4 œufs battus
- 1 kg de pommes de terre (moitié rouges, moitié « purée »)
- Huile neutre
- Sel, poivre
- *Facultatif* : 3 œufs durs

Mixer ensemble le persil et l'oignon. Mélanger avec le bœuf haché, le sel, le poivre.

Faire chauffer un peu d'huile dans une casserole.

Verser la viande, 1 cuil. à soupe d'eau, du paprika, du piment et le safran. Ne pas mettre trop d'eau au début, sinon ça devient trop liquide et c'est difficile à rattraper. Ajouter de l'eau peu à peu, si nécessaire, en cours de cuisson.

Laisser cuire à feu très doux, en travaillant sans cesse la viande à la fourchette.

Une fois la viande cuite, la sortir du feu et la hacher (car elle devient granuleuse à la cuisson). Ne pas la réduire en purée, quelques coups de mixeur suffisent.
Si la viande est encore un peu liquide, la remettre sur le feu, à feu doux.

Travailler ce hachis avec 1 ou 2 œufs battus incorporés peu à peu.

Réserver et préparer la purée.

Éplucher, faire bouillir les pommes de terre, égoutter. Si nécessaire, les sécher sur le feu pour ôter toute leur eau.

Les écraser à la fourchette quand elles sont encore chaudes. Ajouter petit à petit un œuf battu, tout en tournant. La consistance ne doit pas être trop liquide, sinon cela risque de coller au fond du plat. Si c'est trop sec : ajouter un autre œuf battu (ou juste un peu de ce deuxième œuf). Verser un peu d'huile dans la purée, là aussi, peu à peu.
Et bien sûr, sel et poivre.

Facultatif : préparer 3 œufs durs.

Préchauffer le four à 180 °C (th. 6).

Utiliser un moule de 20 cm de diamètre et 10 cm de haut (ma mère prenait un moule à soufflé) pour que le hachis Parmentier puisse monter.

Huiler largement le fond du plat et les parois.

Étaler une couche de pommes de terre. Tapisser aussi les parois du plat.

Ne pas mettre trop de pommes de terre pour ne pas que la purée soit trop lourde et pour que le hachis Parmentier puisse lever à la cuisson, comme un gâteau.

Disposer une couche de viande hachée. Facultatif : disposer une couche de tranches fines d'œufs durs. Disposer la dernière couche de pommes de terre.

Dorer le dessus au jaune d'œuf. Faire des petits dessins à la fourchette.

Verser un peu d'huile sur le dessus.

Mettre à cuire dans le four pour 1 h.

Akrame Benallal

Sa bonne étoile

Akrame Benallal est un chef étoilé. Le fils de Louisa joue aujourd'hui dans la cour des grands…

Akrame Benallal est passé des poulets rôtis qu'il vendait sur les marchés à l'élite de la gastronomie.

Quand bien même il le voudrait, il ne pourrait pas communiquer la recette de son ascension sociale et culinaire… Le travail, beaucoup de travail bien sûr, des rencontres. Mais il manquerait l'essentiel, Louisa, exemplaire unique, indisponible sur le marché.

Louisa, qui avec trois fois rien cuisinait des plats délicieux, des vermicelles jetés dans du lait, et c'était un régal. Louisa, qui demeurait généreuse et positive, même au pire de la galère. Il est de ces fils qui disent de leur mère : « Je lui dois tout. »

Son père les a abandonnés quand il avait onze ans, Louisa s'est retrouvée seule avec trois enfants, sans rien, mais vraiment rien. Elle écume alors les marchés de Tours et des environs avec sa rôtissoire. Il est l'aîné, il l'aide, c'est lui qui accommode les poulets et, des années après, il n'a pas oublié : pour une dose de sel, il en faut deux de poivre et trois de cumin, puis laisser mariner toute une nuit… Ce n'est pas parce qu'on vend des poulets rôtis à des gens pressés qu'on doit faire l'impasse sur un bon assaisonnement… Avec elle, il a été à bonne école.

Louisa lui a également transmis son enthousiasme, car il en fallait pour résister au froid des marchés, l'hiver, et aux aléas de la vente. Pour peu qu'il pleuve et qu'il y ait moins de monde, ils couraient le risque chaque fois de se retrouver avec une partie de leurs cent poulets sur les bras… Cela lui a appris à relativiser. Les difficultés que peut rencontrer un chef étoilé sont d'une autre nature.

En cuisine, il a pris de sa mère la simplicité, les pieds sur terre et la maîtrise des épices. Louisa prélève au jugé une poignée d'épices, et elle sait exactement à quoi cela correspond. « Tes yeux sont ta balance », lui dit-elle. Pas facile de former toute une brigade à l'impossible balance oculaire… Il convertit donc en grammes. Et en salle, il a retenu d'elle que rien ne remplace un sourire. Il souhaite que ses clients du monde entier, venus déguster sa cuisine française de haut vol, se sentent accueillis.

Akrame a créé un plat en hommage à sa mère. Il a imaginé une version raffinée des fameux vermicelles au lait qu'elle leur faisait, enfants. Il a juste ajouté de la truffe blanche. Plutôt que de servir à l'assiette, on place un grand plat de vermicelles au milieu de la table, à partager. Comme à la maison. La truffe en plus…

La recette d'enfance du chef Akrame Benallal

Ingrédients pour 4 pers.

Pour les vermicelles

- 1 l de lait
- 1 truffe blanche
- 300 g de vermicelles
- 250 g de crème liquide

Pour le « risotto »

- 50 g de lait
- 50 g de crème liquide
- 20 g de parmesan râpé

Les vermicelles

La veille, faire infuser le lait chaud avec la moitié de la truffe râpée.

Le jour même, faire bouillir le lait à la truffe et y verser les vermicelles. Laisser cuire 5 min.

Débarrasser les vermicelles et les réserver.

Ajouter la crème liquide au lait de cuisson, puis faire réduire jusqu'à obtenir une consistance sirupeuse.

Le « risotto »

Dans une casserole, faire chauffer le lait et la crème liquide. À la première ébullition, incorporer le parmesan et les vermicelles.

À petit feu, travailler légèrement les vermicelles à la spatule pendant 2 min jusqu'à obtenir la consistance d'un risotto.

Le dressage

Placer les vermicelles au fond d'un bol en bois.

Recouvrir avec la réduction de lait de cuisson.

Râper dessus le restant de truffe blanche et servir immédiatement.

Dominique Blanc

Recette secrète

Dominique Blanc est comédienne et depuis peu sociétaire de la Comédie-Française. Ici, elle ne joue pas. La seule idée d'évoquer sa mère l'émeut. Tout revient et se bouscule, le grave comme le léger, par touches impressionnistes. On ne sait pas quand elle va rire ou avoir le souffle coupé.

MA MÈRE NOUS A AIMÉS de façon prodigieuse, et il en a été ainsi avec ses treize petits-enfants. Elle a beaucoup été en cuisine dans sa vie, c'était une de ses manières de nous aimer. Même cassée en petits morceaux par la maladie de Parkinson, elle a continué de cuisiner.

Elle m'envoyait des cartes postales représentant des tableaux de maîtres, et au dos elle écrivait des recettes ! J'ai conservé ces cartes. Sur l'une d'elles, au recto figure un tableau de Matisse, et au verso, la recette du lapin aux échalotes.

Ma mère avait des livres de cuisine de tous les pays. Elle s'inspirait de ces sources extérieures pour ne pas se morfondre chez elle. Être infirmière avait été pour elle une vocation, mais elle avait dû arrêter de travailler après cinq enfants. Des enfants qu'elle avait voulus et aimés mais, cela n'empêche, son métier lui manquait...

Elle ne livrait pas toutes ses recettes... Pas moyen d'obtenir celle de son fameux gâteau aux amandes, qu'elle réalisait quand il lui restait des blancs d'œufs dans le réfrigérateur. Nous avons tenté toutes sortes de manœuvres, sans succès. Et puis, un jour, la cadette de mes filles est rentrée à la maison, victorieuse, en claironnant : « J'ai la recette secrète ! » Elle la lui avait donnée !

Mais son « tube » de grand-mère, c'était la pizza verte, à base de courgettes et de basilic frais sur une pâte à pain. La recette, d'abord secret-défense, a depuis été déclassifiée...

Ma mère a fait la cuisine le plus longtemps possible, même si, au bout d'un moment, elle ne faisait plus que des petites choses, mais elle était orgueilleuse : c'était sa façon de déclarer la guerre à la maladie.

Lorsqu'elle est venue me voir jouer *La Douleur* de Duras au théâtre, elle était en chaise roulante. À la fin du spectacle, la personne qui l'accompagnait l'a aidée à se mettre debout pour applaudir. Je ne l'ai pas vue, j'étais sur scène, mais on me l'a raconté, et c'est encore plus fort...

La pizza verde ou pizza verte

Ingrédients

- 300 g de pâte à pain (qu'on peut acheter chez certains boulangers)
- 8 courgettes moyennes
- 10 brins de basilic
- 2 petites gousses d'ail
- 120 g de parmesan
- 20 g d'amandes
- 3 dl d'huile d'olive
- Sel, poivre

Incorporer 1 dl d'huile d'olive dans la pâte à pain.

Laisser reposer 30 min.

Laver et essuyer les courgettes. En réserver une et couper les sept autres en morceaux.

Les mettre dans le mixeur avec le basilic effilé, l'ail, 100 g de parmesan, les amandes, 2 dl d'huile d'olive, sel, poivre. Faire tourner le mixeur jusqu'à obtenir des petits morceaux.

Préchauffer le four à 180 °C (th. 6).

Râper le reste de parmesan.

Couper la courgette mise de côté en fines rondelles.

Étaler la pâte à pain en six disques de 5 cm de diamètre.

Déposer la purée de courgettes, puis répartir sur le dessus les rondelles de courgettes et saupoudrer de parmesan râpé.

Enfourner pour 10 min.

Jean-Martin Cohen-Solal

Couscous-bougies

Jean-Martin Cohen-Solal est médecin. Le rendez-vous annuel du couscous-de-la-mère-de-Jean-Martin est important, pour lui comme pour ses amis. Ne pas y être invité équivaudrait purement et simplement à un bannissement...

CELA POURRAIT AVOIR un côté ridicule : il a soixante-dix ans et sa mère continue de préparer un couscous d'anthologie pour ses anniversaires... Mais ce n'est pas comme cela qu'il le vit, et la trentaine d'amis réunis autour de lui non plus. Ils y voient une marque d'amour maternel qui les englobe, ils sont eux aussi des enfants chéris le temps d'une soirée, et peu importe leurs âges. Aussi le rendez-vous a-t-il pris l'allure d'un rite. La tradition du couscous-bougies d'anniversaire a commencé il y a... quarante-cinq ans !

Jusqu'à il y a peu, Jacqueline venait encore officier chez son fils. La première chose que les invités faisaient en arrivant était d'aller bavarder avec elle en cuisine alors qu'elle apportait les dernières finitions au plat de fête. Aujourd'hui, Jacqueline a quatre-vingt-seize ans et ne se déplace plus. Elle fait faire le couscous chez elle, par son « bras droit » monté en grade, mais elle donne les indications, elle surveille, elle rectifie, elle assaisonne. C'est toujours *son* couscous pour son fils…

Que n'a-t-on pas dit sur les mères et leurs fils ! Il est vrai que Jean-Martin bénéficie d'une affection éhontée, assortie d'obligations qu'il accomplit avec bonheur : être présent, l'appeler tous les jours, la soigner puisqu'il est médecin, etc.

Mais la réalité est plus complexe et plus intéressante. Jacqueline est aussi une formidable mère pour ses filles. Elle en a deux, des femmes fortes et brillantes qu'elle a soutenues, poussées, et dont elle est fière. On pourrait dire qu'elle est féministe, comme peut l'être une femme de sa génération. Quand, à cinquante-cinq ans, elle avait repris le travail comme conseillère conjugale, elle s'occupait principalement de femmes devant recourir à une IVG, allant jusqu'à accompagner certaines à l'hôpital le jour de l'intervention pour les soutenir.

Le couscous est avant tout un lien d'amour dans une belle vie car, en plus de la version XXL annuelle, il réunit chaque semaine toute la famille autour de Jacqueline et nul ne manque à l'appel, surtout pas la jeune génération…

Le couscous d'anniversaire

La recette vous est proposée pour 8 personnes.

Le grain

Ingrédients

- 1 kg de couscous fin
- Huile neutre
- Sel

Le grain cuit en trois étapes.

1re étape

Mettre le grain dans une bassine, verser un ½ verre d'huile et rouler le grain entre ses mains pour bien l'imprégner d'huile.

Verser un ½ litre d'eau chaude. Mélanger à nouveau.

Laisser reposer 15 min.

Mettre de l'eau à bouillir dans le bas du couscoussier. Quand elle a bouilli, disposer le grain dans la partie haute du couscoussier. Laisser cuire 15 min à découvert.

2e étape

Verser le grain dans la bassine, l'aérer au fouet. Laisser reposer 5 min.

Verser 3 verres d'eau chaude dans lesquels on a dissous 1 cuil. à soupe rase de sel.

Remettre à cuire sur le couscoussier une seconde fois pour 15 min, toujours à découvert.

3e étape

Verser à nouveau le grain dans la bassine.

Verser 2 verres d'eau chaude.

Laisser reposer 30 min.

Remettre à cuire dans le couscoussier pour 10 min.

Verser le grain dans la bassine, l'aérer à nouveau au fouet et couvrir d'un torchon.

La viande

Ingrédients

- 1,5 kg de basse côte
- 500 g d'oignons
- Ail
- Persil
- Paprika, cumin, safran, bâton de cannelle
- Huile neutre
- Sel, poivre

Découper la viande en petits morceaux.

Découper les oignons en rondelles.

Disposer les rondelles d'oignon à plat au fond d'une marmite, poser la viande dessus. Couvrir, cuire à tout petit feu. La viande rendra son jus.

Au bout de 20 min, verser un verre d'huile et ajouter 4 gousses d'ail, une ½ botte de persil coupé fin et les épices : safran, poivre,

1 cuil. à soupe de paprika, une ½ cuil. à café de cumin, un petit morceau de bois de cannelle, un peu de sel.

Laisser cuire à feu doux de 1 h à 1 h 30.

Les boulettes

Ingrédients

- 1 kg de viande hachée
- 2 oignons + ½ oignon
- Ail
- Persil
- Coriandre fraîche et en grains
- Cannelle en poudre
- Huile neutre
- Sel, poivre

Disposer la viande dans un saladier.

Émincer les oignons, une ½ botte de persil, une ½ botte de coriandre, 1 gousse d'ail.

Ajouter à la viande avec sel, poivre, safran, une ½ cuil. à café rase de cannelle, 1 cuil. à café de grains de coriandre écrasés.
Bien mélanger et confectionner des boulettes de la taille de grosses billes.

Dans une marmite, faire chauffer doucement un peu d'huile, faire suer un ½ oignon coupé fin.
Ajouter un peu d'eau, un peu de safran, du sel, puis poser dessus les boulettes.
Couvrir et faire cuire à petit feu.

Les légumes

Ingrédients

- 4 carottes
- 4 navets
- 5 courgettes
- 1 courge
- 1 céleri-branche
- 1 poireau
- 1 oignon
- 1,5 l de bouillon de viande
- Cannelle
- Sucre en poudre
- Huile

Découper les légumes. Les courgettes se découpent dans la longueur en larges morceaux.

Faire un bouillon de viande avec de la viande et des os (à demander au boucher) ou à partir de cubes de bouillon.

Dans une marmite, faire revenir l'oignon,
puis verser tout le bouillon, mettre d'abord
à cuire les carottes et les navets,
puis les courgettes, le céleri et le poireau.
Compter environ 30 min de cuisson.

Cuire la courge séparément à la vapeur, puis caraméliser dans une poêle avec un peu d'huile, du sucre et de la cannelle.

Les pois chiches

Ingrédients

- 1 bocal de pois chiches
- Cumin, paprika
- Harissa

Enlever la peau des pois chiches.

Mettre à cuire avec un ½ verre du bouillon des légumes, ajouter du cumin, du paprika et un peu de harissa.

La confiture d'oignon

Ingrédients

- 1 kg d'oignons
- 2 poignées de raisins secs blonds
- Safran, cannelle
- 1 cuil. à soupe rase de sucre en poudre
- Huile neutre
- Poivre

Mettre les raisins secs à tremper dans l'eau.

Émincer les oignons au mixeur.

Les mettre dans une marmite avec un peu d'huile, un peu d'eau (l'équivalent d'un fond de verre) et laisser cuire à petit feu pendant 15 min environ jusqu'à ce que les oignons deviennent transparents.

Dissoudre 4 ou 5 filaments de safran dans de l'eau chaude, puis les ajouter.

Saler. Ajouter un verre d'eau et laisser réduire, toujours à petit feu.

Ajouter ensuite les raisins secs et un peu de cannelle.

Quand il reste très peu d'eau, ajouter le sucre et laisser cuire encore quelques minutes à tout petit feu.

La sauce rouge

Ingrédients

- Ail
- Paprika
- Harissa

Prendre 2 verres du bouillon des légumes. Écraser 2 gousses d'ail. Ajouter du paprika et de la harissa.

Mettre le tout à cuire à petit feu dans une casserole.

Le dressage

Dans un grand plat rond légèrement creux, dresser le grain en dôme.

Le décorer en disposant une partie des légumes sur sa pente.

Placer le bouillon et le reste des légumes dans un plat de service.

Présenter tous les éléments séparément pour que chacun fasse son mélange.

Nathalie Azoulai

Tocade

Dans son livre Les Spectateurs, *on rencontre une mère qui tente de se consoler des déconvenues de l'exil en habitant la patrie du cinéma. Ce personnage m'a donné envie d'évoquer avec Nathalie Azoulai le goût de sa mère. Cela lui a inspiré ce texte.*

MA MÈRE, le samedi matin, allait au marché et revenait avec une barquette de choucroute garnie et fumante, tout spécialement pour moi. Personne d'autre à la maison n'aimait ça, à commencer par elle qui s'en dégoûtait presque.

Originaire d'Égypte, sa cuisine était tout épices, farcis, feuilletés et autres mélanges de riz et de lentilles, à des lieues d'une choucroute alsacienne et surtout d'une saucisse de porc. Mais c'était ma tocade, je devais avoir dix ans, et ma mère se toquait de mes tocades, surtout alimentaires. Elle aimait me plaire, me regarder manger, que je me régale sous ses yeux.

En y pensant aujourd'hui, je me dis qu'il y avait dans cette barquette fumante beaucoup plus qu'une part de choucroute. C'était en réalité une mission que ma mère me faisait ingérer, celle de devenir française en assimilant une nourriture qui ne venait pas de « là-bas », une nourriture occidentale, transgressive, même un peu barbare. Telle que l'était cette France où elle avait dû venir vivre en quittant tout ce qu'elle aimait, son pays, sa jeunesse, ses parents, la mer et le soleil.

Devant les impasses de l'histoire, elle s'était mise à penser qu'il valait mieux se creuser des voies de passage, puis des avenues, pour, de préférence, entrer par la grande porte. Et, chaque samedi, dans cette petite barquette de choucroute garnie, il y avait une grande porte pour sa fille. Fumante de France, le fumet de la France.

Nathalie Azoulai

Les quatre fils de Fatima

Vive les mariés

Oussama et ses frères ont l'esprit partageur, ils acceptent bien volontiers que leur plat préféré, le poulet au citron de leur mère, accompagne le bonheur de jeunes époux : Fatima est cuisinière de mariage.

ILS SONT QUATRE, les quatre fils de Fatima, et Oussama est l'avant-dernier. Elle les chérit et, en signe de respect, ils l'embrassent sur le front. Ils sont sportifs, travailleurs, ils ont l'accent du sud de la France, ils sont nés ici, elle ailleurs, leurs vies ont aussi leurs difficultés, bien sûr, mais comme dit leur mère : « Grâce à Dieu, ça va ! »

« Alors, Fatima, c'est un grand mariage que vous préparez ?

— Pas tellement, répond-elle en riant. Cent poulets... »

Car l'unité de mesure est le nombre de poulets au citron. D'autant qu'elle est payée à la pièce, au volatile cuisiné. À cinquante poulets, pfff... on n'en parle même pas, c'est un tout petit mariage. À deux cent cinquante, ça oui, c'est un grand mariage ! On est loin des honoraires des chefs à la mode, mais sa clientèle n'est pas riche et dans le domaine du poulet au citron comme ailleurs sévit la concurrence des mauvaises prestations à prix cassés.

C'est petit à petit qu'elle est devenue cuisinière professionnelle. Pendant longtemps, elle l'a fait gratuitement pour des amis, des voisins, pour aider et aussi pour ne pas s'ennuyer.

À Casablanca, elle était ouvrière dans une usine textile, puis elle s'est mariée avec ce qu'on appelait un « travailleur immigré » et elle est venue le rejoindre en Provence où il était ouvrier viticole. Des journées à ne connaître personne et à marcher seule dans les vignes. L'hiver, son mari mettait du papier journal dans ses chaussures comme isolant contre le froid. Tout cela, Oussama et ses frères le savent, et ils n'en ont que plus de reconnaissance pour leurs parents.

Et puis le temps a passé, Fatima s'est fait des copines. Elles partent passer la journée à la mer ou en excursions organisées par la mairie. Elle est plus entourée que nombre de ses voisines qui sont nées ici. Et elle se fait payer pour sa cuisine. Surtout, elle a ses quatre fils, sa réussite ! Ils ont des bons métiers, ce sont des hommes responsables.

Aujourd'hui elle a soixante-quatre ans. Oussama aimerait bien que sa mère se repose, mais elle trouve une telle gratification dans ce qu'elle fait – chaque fois les mariés l'accueillent avec des sourires de bonheur – que son fils n'ose pas insister. Ce poulet au citron raconte d'une certaine manière l'histoire de Fatima.

Le poulet au citron

Ingrédients

- 1 poulet
- 1 citron confit
- ½ gousse d'ail
- 2 oignons moyens
- 3 ou 4 brins de persil
- 3 ou 4 brins de coriandre
- 3 ou 4 filaments de safran
- Gingembre, curcuma moulus
- 2 poignées d'olives violettes
- Huile neutre
- Beurre
- Sel, poivre

La marinade

Mixer un ½ citron confit, l'ail, un oignon, le persil et la coriandre. Ajouter ensuite une petite cuil. à café de sel, de poivre moulu, de gingembre, de curcuma, et du bon safran dilué dans un fond d'eau chaude. Ajouter un peu d'eau pour diluer la marinade (mais pas d'huile).

Enduire le poulet, mettre aussi de la marinade à l'intérieur du poulet. Recouvrir de film alimentaire et mettre au réfrigérateur pendant au moins 2 h.

Mettre les olives à tremper dans de l'eau chaude pendant un quart d'heure, en changeant l'eau plusieurs fois pour les dessaler.

La cuisson

Préchauffer le four à 180 °C (th. 6).

Dans une marmite, mettre un ¼ de verre à eau d'huile végétale au goût neutre (pas d'huile d'olive), un oignon coupé en lamelles, un verre d'eau. Poser le poulet mariné dessus, à froid, et lancer la cuisson à feu fort pendant 5 min, puis baisser le feu. Piquer le poulet, un liquide va perler.

Laisser cuire à couvert 30 min ou un peu plus, selon la grosseur du poulet. On sait que cette phase de la cuisson est terminée quand on pique le poulet et qu'aucun liquide ne perle.

Placer ensuite le poulet dans un plat allant au four (sans la sauce), l'enduire d'un peu de beurre et le mettre au four. Combien de temps ? « Ton œil, c'est ta mesure », soit environ 15 min (le poulet doit être doré).

Pendant ce temps, faire réduire la sauce si elle est trop liquide et ajouter les olives dessalées.

Avant de servir, verser la sauce sur le poulet et décorer avec l'autre moitié du citron confit découpé en lamelles.

Jacqueline Pétroz

Vies parisiennes

Jacqueline Pétroz est journaliste. Nous travaillons ensemble depuis longtemps, et très vite nous avons su que nous n'avions pas que l'actualité culturelle en commun.

Une mère et sa fille qui ne se sont jamais quittées, deux appartements dans le même immeuble parisien, les vacances d'été passées ensemble en Dordogne… Certains ont parfois du mal à comprendre. Huguette a quatre-vingt-quatorze ans ; Jacqueline la soixantaine – elle est célibataire et fille unique de surcroît. De là à imaginer qu'elle n'a pas de vie propre… C'est absolument faux, bien sûr ! Le lien qu'elle entretient avec sa mère n'a rien empêché.

La sérénité de Jacqueline témoigne de la plénitude d'une relation, qui a même le pouvoir de la régénérer. Une baisse de moral, et le simple fait de s'asseoir auprès de sa mère suffit à lui redonner de l'énergie.

Huguette a atteint ce qu'on appelle le « grand âge » et sa fille s'occupe d'elle davantage. Cela passe par plus de présence, comme cuisiner ensemble l'osso buco, l'un de leurs plats culte, quand avant sa mère officiait seule. Mais la transition s'est opérée naturellement, à l'image de leur relation, et sans difficulté car Huguette a toute sa tête et des jambes qui la conduisent jusqu'aux autobus, qu'elle adore prendre ! Tant mieux, car elle ne peut pas passer une journée sans « sentir le sirop de la rue », comme elle dit, des rues de Paris, sa ville, le Paris populaire des Halles, du temps où c'était le ventre de la capitale.

C'est ici qu'elle a rencontré son mari. Leurs deux familles se connaissaient, gardiens d'immeuble rue Saint-Denis d'un côté, marchands des quatre-saisons de l'autre ; les premiers, d'origine italienne, faisaient leurs courses chez les seconds, parisiens depuis plusieurs générations. C'est ainsi que l'osso buco est venu enrichir le cahier de recettes d'Huguette. Elle a été vendeuse, son mari réparateur de machines à écrire, et leur fille est devenue journaliste. L'ascenseur social a fonctionné tandis que les déjeuners familiaux du dimanche, à quinze, ont continué pendant longtemps. L'ancrage revendiqué avec bonheur est d'être une famille populaire. À Paris.

L'osso buco

Ingrédients pour 4 pers.

- 1 kg de rouelle de veau avec os
- 1 ou 2 cuil. à soupe de farine
- 1 oignon haché
- 2 cuil. à soupe de concentré de tomate
- 1 verre de bouillon de veau
- 1 gousse d'ail
- 1 bouquet garni
- 2 ou 3 lanières de zeste de citron
- 2 cuil. à soupe d'huile d'olive
- 50 g de beurre
- Sel, poivre

Fariner les rouelles de veau. Utiliser une marmite ou un faitout assez large pour que les rouelles soient bien à plat.

Faire dorer les rouelles avec l'huile d'olive. Au besoin, procéder en deux fois.

Ôter les rouelles et réserver.

Faire revenir l'oignon dans la même marmite.

Remettre les rouelles dans la marmite.

Diluer le concentré de tomate dans le bouillon chaud et mouiller les rouelles avec.

Ajouter l'ail, un bouquet garni, saler un peu, poivrer, ajouter le zeste de citron.

Cuire à couvert pendant 1h30, à feu moyen (feu 3 ou 4). Il faut que cela mijote à petits frémissements, sans bouillonner.
Enlever le bouquet garni au bout de 30 min de cuisson.

Richard Malka

Depuis un demi-siècle

Richard Malka est avocat. Sa mère vit toujours dans l'appartement de son enfance et il y déjeune tous les samedis. Quand il évoque le goût de sa mère, ce n'est pas maître Malka qui plaide, mais l'heureux fils d'Alice qui sourit…

UNE CARESSE, de la tendresse, de la douceur, c'est à cela que je pense… Enfant, j'aidais ma mère à faire les gâteaux. Sa cuisine était petite, mais cet endroit me fascinait parce qu'il était chaleureux et que tout y était à profusion.

Mon père était tailleur pour dames dans un atelier de confection et ma mère ne travaillait pas. Nous vivions à cinq dans quarante mètres carrés, mes parents, mes deux grands frères et moi. J'étais le petit dernier, gentiment indiscipliné, et j'ai gardé ce statut ! Aujourd'hui encore, ma mère me regarde avec mansuétude : je suis celui qui est resté un peu ado, un peu artiste, et qui ne s'est pas marié…

Je vais déjeuner chez elle tous les samedis pour la *dafina*. J'ai un demi-siècle de cette spécialité de la cuisine juive marocaine derrière moi puisque j'ai commencé à en manger à l'âge d'un an… Ma mère a préparé ce plat toute sa vie. On le met en route le vendredi avant le début du shabbat et il cuit la nuit, doucement, pour ne pas avoir à allumer le feu le lendemain, ce qui est interdit par la religion. Ma mère le fait non pas pour respecter une pratique religieuse mais par tradition. Et moi, je ne suis pas croyant, mais c'est ma culture, mon ancrage et quelque chose qui me remplit…

Je me dis parfois qu'il y a quelque chose de sacrificiel dans ce plat, car il faut se lever une à deux fois dans la nuit pour ajouter de l'eau… Qui aujourd'hui ferait cela ?

Si l'on regarde la vie de ma mère d'un œil extérieur, c'est dément : une vie entière tournée vers les autres. Mais elle ne la perçoit pas comme un sacrifice, de sa part c'est vraiment de l'amour. Ce que j'ai pu accomplir jusqu'ici, je l'ai fait aussi pour elle, pour qu'elle soit fière…

La dafina

Ce plat arrive sur la table en deux étapes. D'abord les pommes de terre, les œufs qui sont comme confits et les pois chiches, le tout ayant une couleur caramel. Puis viennent la viande et le riz.

Ingrédients pour 4 pers.

- 500 g de jarret et de paleron de bœuf
- 1 cube ½ de bouillon de poule
- Curcuma
- ½ verre de pois chiches
- ½ verre de haricots blancs
- 2 os à moelle
- 12 pommes de terre moyennes résistant bien à la cuisson
- 4 œufs
- 1 verre de riz
- Huile neutre (pas d'huile d'olive)
- Sel, poivre

Le vendredi matin

Dans une cocotte, commencer par mettre un ½ verre d'huile, 1 cube de bouillon, le curcuma, le sel, puis les pois chiches et les haricots blancs. Placer ensuite la viande et les os à moelle, couvrir d'eau et faire cuire pendant 1 h.

Le vendredi soir

Transvaser tous les ingrédients dans une marmite électrique. Disposer dessus les pommes de terre épluchées et déposer délicatement les œufs (préalablement lavés) pour ne pas fêler leurs coquilles.

Saler, poivrer.

Verser de l'eau jusqu'en haut de la marmite. Couvrir et laisser cuire en position « mijoter » jusqu'au déjeuner du samedi.

Avant l'existence de la marmite électrique, la *dafina* se préparait dans une grande marmite, sur une plaque électrique, à feu très doux, toute la nuit.

Le samedi

Dans l'un et l'autre cas, le lendemain matin, vérifier le niveau de liquide : il doit y en avoir jusqu'à mi-hauteur pour avoir suffisamment de sauce. Sinon, ajouter un verre d'eau bouillante.

Le riz se cuit à part : 2 verres d'eau pour 1 verre de riz, un ½ cube de bouillon de poulet, un filet d'huile, pas plus de 10 min de cuisson à feu doux.

Filomena Ferracane

La mamma

Une mamma italienne dans le froid d'Albany, capitale de l'État de New York… Filomena se souvient de sa mère, Brigida. Si éloignée, si proche des mammas de cinéma…

MA MÈRE VIVAIT dans sa cuisine. Dès son réveil, elle mettait un plat en route, si ce n'est deux. La cuisinière était comme un haut-fourneau qui ne s'éteignait jamais… Tout était délicieux, mais ce qui m'a le plus marqué c'était la quantité de plats qu'elle confectionnait et son plaisir à nous voir manger.

Ma mère croyait dans l'acte de nourrir ses proches. Elle pensait que bien manger préserve la santé et qu'un bon repas soude une famille, si bien que chaque dimanche nous étions quinze ou vingt à table dans notre petit appartement. C'était sa façon de nous aimer et sa manière de communiquer avec nous. La première question qu'elle posait à ses petits-enfants au téléphone était : « Est-ce que tu manges bien ? »

Ses lasagnes, son *vitello*, ses magnifiques artichauts farcis, quand je repense à ses plats, cela m'émeut parce que j'y vois aussi son histoire.

Originaire de la Basilicate, province pauvre du sud de l'Italie, Brigida s'était installée aux États-Unis à la fin des années 1950, bien après les premières vagues d'immigration italienne. Elle y a vécu « à l'italienne » : quartier italien, cuisine italienne, cercle italien, même la messe était en italien. Elle ne parlait pas l'anglais, et d'ailleurs elle ne parlait pas vraiment l'italien… Elle s'exprimait dans le dialecte de sa région d'origine. Tant et si bien que tous les membres de la famille ont obtenu la nationalité américaine avant elle, car elle n'osait pas en faire la demande de peur d'être recalée à cause de la langue.

Ses sept enfants ont fait leur chemin *in America*, ses petits-enfants ont fréquenté l'université américaine, l'ascenseur social a fonctionné – celui qu'elle et son mari étaient venus chercher. Elle ne s'était jamais vraiment adaptée à l'Amérique mais elle était contente de sa vie. Même s'il y a eu un prix à payer, dont j'ai pris toute la mesure quand, à dix-sept ans, je l'ai accompagnée en Basilicate. Elle y retournait pour la première fois, cela faisait quatorze ans qu'elle n'avait pas vu sa mère… Là, j'ai compris ce que signifiait immigrer : partir et laisser sa mère…

Les artichauts farcis à l'italienne

Recette de Calabre que l'on sert les jours de fête.

Ingrédients

- 4 à 6 artichauts de taille moyenne
- 2 ou 2 tasses ½ de chapelure
- 2 ou 3 gousses d'ail très finement émincées
- ½ tasse de pecorino ou de parmesan râpé
- ⅓ de tasse de raisins secs de couleur claire, trempés dans l'eau puis séchés
- Huile d'olive vierge extra
- Sel, poivre

Laver les artichauts et enlever les premières feuilles.

Avec un petit couteau bien aiguisé, couper le quart de la longueur des feuilles.

Égaliser la base des artichauts, de manière à ce qu'ils puissent tenir droit dans le plat.

Écarter les feuilles et retirer la barbe avec une petite cuillère.

Dans un bol, mélanger tous les ingrédients de la farce et mouiller avec un peu d'huile d'olive pour l'amalgamer.

Écarter les feuilles et garnir les artichauts avec cette farce.

Disposer les artichauts debout dans un plat allant au four.

Mettre 2 à 3 cm d'eau dans le fond du plat (ou mélange eau/vin blanc, ou eau/jus de citron).

Verser un peu d'huile d'olive sur chaque artichaut, saupoudrer d'un peu de sel et de poivre.

Couvrir de papier aluminium.

Enfourner pour 1 h à 1 h 20, jusqu'à ce que les feuilles se détachent facilement du cœur de l'artichaut.

Mathieu Gallet

Toujours le dimanche

Mathieu Gallet a présidé Radio France où je travaille. Le temps a passé, le rapport hiérarchique n'est plus, et j'avais cru déceler qu'il était proche de sa mère. Confirmation avec une tradition culinaire dominicale bien française.

LA VOLAILLE DU DIMANCHE, le crépitement du poulet ou de la pintade qui rôtit, le jus que l'on verse sur les pommes de terre, c'est un rite qui existait déjà quand je vivais chez mes parents et qui, ensuite, a rythmé mes retours... Cela me ramène au moment où, après le bac, j'ai quitté le nid. Quand on habite à la campagne, on sait que, après le lycée, on ne pourra pas rester chez ses parents. À dix-huit ans on se retrouve donc dans un studio à Bordeaux. Et comme c'est dans l'ordre des choses, ce n'est ni un déchirement ni une libération. Lorsque je rentrais à la maison le week-end, la volaille rôtie m'attendait.

On pourrait dire que mes parents appartiennent à la classe moyenne supérieure. Mon parcours professionnel, je le dois à leur ouverture d'esprit, à l'amour des livres que m'a transmis ma mère, à mes professeurs, mais je ne suis pas un héritier ; cet itinéraire, je l'ai construit seul, assez vite, et il a un peu échappé à mes parents qui l'ont suivi avec un mélange de fierté et d'inquiétude.

Ma mère ne me voue pas une admiration sans bornes et je ne suis pas un « fils à maman » en adoration devant elle. La maman ou la putain, ce n'est pas nous… Elle compte énormément pour moi, et moi pour elle, mais entre nous c'est une relation adulte et sereine.

À Noël dernier, je lui ai enfin dit que je n'aimais pas sa manière de découper la volaille, et elle l'a bien pris !

La volaille rôtie

Ingrédients

- Un bon poulet ou autre volaille
- Olives vertes dénoyautées
- Un morceau de pain rassis
- Ail
- Pommes de terre grenailles (le *must* en saison : rattes du Touquet ou de la baie du Mont-Saint-Michel)
- Laurier et herbes fraîches (thym, romarin, sarriette)
- Huile d'olive

Préchauffer le four à 180 °C (th. 6).

Farcir la volaille avec les olives.

Frotter le pain rassis à l'ail et fermer le cul de la volaille avec.

Tapisser un plat allant au four de papier de cuisson et verser 2 cuil. à soupe d'huile d'olive.

Placer la volaille dans le plat.

Laver les pommes de terre et les couper en deux (ou en trois, selon la grosseur).

Les disséminer autour de la volaille avec laurier, herbes fraîches et gousses d'ail en chemise.

Verser quelques gouttes d'huile d'olive et un peu d'eau.

Enfourner pour environ 1h30, ou plus selon le four et la taille de la volaille.

Akram Khan

Jamais au restaurant

Évoquer la relation du danseur et chorégraphe britannique Akram Khan avec sa mère permet d'approcher un phénomène rare : l'influence d'une mère sur une œuvre de premier plan, toujours en cours de création.

Il y a quelque ironie à parler cuisine à Akram Khan, car c'est justement ce qu'il a voulu fuir. Ses parents ont quitté le Bangladesh pour s'installer à Londres avant sa naissance. Son père a pris un chemin fréquemment emprunté par les immigrants : il a ouvert un restaurant typique de la cuisine de son pays d'origine. Il pensait que danseur n'était pas un métier sûr pour son fils, et pourtant les débuts d'Akram étaient plus que prometteurs…

Il est encore adolescent quand Peter Brook le choisit pour son *Mahabharata*. Mais à son retour de la tournée internationale, son père fait pression sur lui, très fortement ; il veut que son fils reprenne le restaurant familial.

Pour la plus grande chance d'Akram, Answara, sa mère, souffre d'une « allergie » : elle ne supporte pas le mot *non*, qu'on interdise, qu'on ferme des portes. Elle croit en son talent, elle le pousse à continuer la danse.

Elle a fait plus que le soutenir, elle a façonné sa vision du monde, et cela rejaillit sur son art qui mêle les influences. Ce qui définit sa mère, c'est une immense curiosité. Enfant, elle lui racontait des histoires empruntées à toutes les cultures, au christianisme aussi bien qu'au judaïsme, à l'islam, à l'hindouisme ou au bouddhisme. Elle voulait lui donner à entendre des voix différentes pour ne pas qu'il suive un chemin tout tracé.

Akram voit sa mère comme un *esprit sage*. Il aime citer une de ses maximes qui l'inspire, invitant à la tolérance : « Nous tenons à nos bras, nos jambes, car ils sont une part de nous. Alors pourquoi n'avons-nous pas le même respect pour les autres ? Après tout, ils sont une part de l'humanité. »

On ne s'étonnera pas qu'à la cuisine du restaurant familial Akram préfère les plats simples de sa mère, qu'aujourd'hui encore elle fait juste pour lui.

L'aloo bhota

C'est une sorte de purée de pommes de terre épicée.

Ingrédients
- Pommes de terre
- Oignons
- Piment rouge en poudre
- Huile neutre
- Huile de moutarde
- Sel

Faire bouillir les pommes de terre,
puis les écraser en purée.

Faire frire des oignons et une petite quantité
de piment rouge fort (ajuster la quantité
d'oignons et de piment selon le goût de chacun).

Mixer les oignons et le piment.

Ajouter à la purée de pommes de terre
et bien mélanger. Saler.

Ajouter une petite quantité d'huile de moutarde.

Gilbert et Daniel

La suite de l'histoire

J'ai la chance de faire partie des proches de Rachel, de ceux qui sont nourris à sa bonté et à sa cuisine qui figure très haut dans mon palmarès personnel... Ses deux fils, Gilbert et Daniel, sont aux petits soins pour elle et ils trouvent que c'est la moindre des choses.

IL EST L'IDOLE de ses copains, surtout de ceux qui n'ont plus leurs mères. Quand ils l'appellent et que Daniel leur répond : « Je suis au marché avec ma mère », ses amis rient, ils adorent ! Ils savent bien qu'on est là au cœur des choses. Rachel, quatre-vingt-douze ans, fait toujours la cuisine. Mais à présent, Daniel l'aide à tirer son Caddie.

Le samedi, ne cherchez pas son frère Gilbert : il tient table ouverte au restaurant pour les proches que sa mère aurait plaisir à voir.

On se méprend sur les « bons enfants », ils gênent presque, on dit qu'ils en font trop, mais où se situe la norme ? Les bons enfants savent ce qu'ils font, quand la fragilité passe du côté des parents et que les rôles doucement s'inversent. C'est la suite de leur histoire avec leur mère qui s'est voûtée mais qui demeure identique à elle-même, d'une force morale et d'une générosité qui les sidèrent. Et tout cela en silence.

La philosophie dite du « Ce n'est rien ! ».

Dans les moments difficiles, pas un mot de plainte, comme si sa fatigue comptait pour rien. Dans les moments de joie, les plus nombreux heureusement d'une belle vie, donner et encore donner, à tous, comme si c'était son mode d'emploi. Coudre de ses doigts de fée une nappe magnifique et l'offrir en murmurant : « Oh, ce n'est pas grand-chose, j'avais un bout de tissu ! » Organiser chez elle la fête de naissance d'un petit-neveu, avec buffet bien garni (valable aussi pour anniversaires, fiançailles...) et dire : « Mais cela met de la joie dans maison ! » Passer trois jours en cuisine, quand elle réunit la famille élargie, et affirmer : « C'est une question d'organisation... » On aura compris que l'inusable « Ce n'est rien ! » connaît de nombreuses variantes...

La finesse des goûts dans sa cuisine est en revanche un invariant. Dans chaque plat, il y a sa « main » : sa compote de pommes cuit dans le jus d'orange ; dans ses boulettes elle met de la poudre d'amande ; au moment de Pâques sa soupe n'est faite que de légumes nouveaux, avec beaucoup de fèves fraîches et un os à moelle. Avec elle, même la betterave prend du charme, on ne sait pas ce qu'elle y ajoute, un ingrédient de dernière seconde, une sauce, une touche particulière...

Mais tout cela ne serait rien s'il n'y avait pas avant tout sa générosité qui fait pour ses fils le goût de leur mère. Voici une de leurs recettes préférées, dictée par elle. On ne dira pas « Ce n'est rien ! »…

Le veau aux petits légumes

Ingrédients

- 1 rôti de veau
- 1 morceau de pied de veau
- 1 oignon
- Ail
- Laurier
- Sauce soja
- Carottes
- Céleri-branche ou céleri-rave
- Courgettes
- Fenouil
- Champignons
- Fenouil en poudre
- Miel
- Moutarde
- Huile d'olive
- Poivre en grains
- *Facultatif :* petits pois, 1 oignon, 1 tomate

Le veau

Choisir un rôti dans le paleron. Le faire ficeler, sans barde.

L'enduire de moutarde. La cuisson se fait d'abord dans une marmite avec un peu d'eau, un oignon, un peu d'ail, du poivre en grains, une feuille de laurier, le morceau de pied de veau. Faire cuire 30 min à feu moyen.

Ce n'est que lorsque l'eau s'est évaporée
que l'on met de l'huile et que le veau va rôtir.

Mettre ensuite le rôti au réfrigérateur.
Une fois froid, le couper en tranches.

Mettre les tranches dans le fond de sauce,
faire chauffer. Ajouter de la sauce soja
à la dernière minute.

Les légumes

Chaque légume est cuit séparément
car les légumes nécessitent des temps
de cuisson différents.

Couper les légumes en petits morceaux :
carottes, céleri-branche ou céleri-rave,
courgettes, fenouil, champignons (sans la peau
et coupés en quatre).

Les faire revenir séparément dans une poêle
avec un peu d'huile d'olive, à grands gestes.
Saler, poivrer, saupoudrer d'un peu de poudre de
fenouil. Les légumes doivent être cuits *al dente*.

Pour les champignons : les faire sauter dans
un peu d'huile, avec une ½ cuil. à café de miel.

On peut mettre des gros petits pois surgelés
qu'on fait cuire à la poêle. Si on met de l'oignon :
le couper en lamelles et le faire bouillir
avec une tomate.

Une fois tous les légumes cuits, les mélanger.
On les réchauffera ensemble.
Servir avec la viande dans un plat séparé.

Le goût de ma mère

Ma fille

Quand nous sommes arrivées à ses fruits confits, ma mère a exulté… Enfants, nous leur préférions l'équivalent du Nutella de l'époque. Elle nous disait : « Vous ne savez pas ce qui est bon… » Devenue adulte, j'ai vu nombre d'amis être renversés par les fruits confits de ma mère ; je les ai enfin goûtés et j'ai fait mon mea culpa. « Tu en as mis du temps, ma fille ! » avait dit ma mère avec un sourire…

Ma mère ne disait pas « ma chérie », encore moins « mon trésor » ou « mon amour », elle disait « ma fille ». « Mes filles » quand elle parlait de nous deux, « ma fille » quand elle s'adressait à l'une d'entre nous.

Contrairement aux apparences, « ma fille » n'est pas le pendant féminin de « mon fils » qui a beaucoup été caricaturé et dans lequel, à tort ou à raison, on croit entendre une délectation dans la voix, une fierté, voire un possessif.

« Ma fille », par ma mère, est doux et discret, avec un petit sourire. Nous nous comprenons, il n'est pas nécessaire de claironner.

« Allez, ma fille, réveille-toi, il faut aller à l'école », avec une caresse légère... Et elle est le premier visage aimant que je vois.

« Ma fille » pouvait sonner sévèrement, en cas de mauvaise note. En langage d'aujourd'hui, on dirait qu'elle exerçait seule l'autorité parentale. Enfant, quelqu'un m'avait dit qu'elle était mon père et ma mère. Cette image m'avait terrifiée.

Elle pose ses lèvres sur mon front, c'est son thermomètre... « Tu as encore de la fièvre, ma fille ! » et elle fait des petites pâtes au lait quand nous sommes malades.

« Ça va, ma fille ? » est dit en passant, quand elle comprend que ça ne va pas. Elle dépose une tasse de thé et s'en va, pour ne pas forcer la réponse.

« Ma fille, on va faire un tour ? » Elle adore traverser les ponts de Paris en bus. Elle aime autant les Champs-Élysées, le Marais, Saint-Germain-des-Prés que le marché Saint-Pierre et ses magasins de tissus. Je lui prends le bras, le roi n'est pas mon cousin... Est-ce que les filles prennent encore le bras de leur mère ?

Je la présente à mes amis, je dis « ma mère », elle ne dit pas « ma fille », mais je le suis... J'essaie de cacher que je suis fière d'elle car c'est un peu ridicule.

Quand je tombe d'une échelle et que je me casse l'épaule, le lendemain, sans raison, sa poitrine devient toute violette... Et pour ma sortie de l'hôpital, elle confectionne un coussin avec le pull bleu tout neuf que les pompiers, malgré mes protestations, avaient découpé pour me secourir. Elle rit : « Voilà ton pull, ma fille ! »

Je lui offre un petit cadeau, un châle, un sac... Vient la phrase détestée : « Mais ma fille, quel temps vais-je avoir pour porter tout cela ? » On se bouche les oreilles pour ne pas entendre, on a des superstitions secrètes pour conjurer le sort. Même si elle le dit en souriant, l'idée que le temps pour elle pourrait ne pas être infini est insupportable...

« Bonjour ma fille », avec un grand sourire. Retour de vacances, de voyage, de reportage, il est impossible qu'il n'y ait pas au moins un de mes plats préférés qui m'attende : petites galettes salées, cheesecake, caviar d'aubergines... et en permanence disponibles, puisqu'ils se conservent, ses fameux fruits confits.

Le plus incroyable, c'est que je trouve cela normal...

E. B.

Les fruits confits

Elle les appelle ses « confitures », mais cela s'apparente plutôt à des fruits confits. On voit presque au travers de ses lanières de pamplemousses translucides et ses quartiers d'oranges brillent...
Les précisions sur lesquelles ma mère a insisté et qui relèvent du savoir-faire sont indispensables car, pour un exercice aussi délicat, la recette seule ne suffit pas. Les détails font toute la différence.

Les pamplemousses confits

Ingrédients

- 4 à 6 pamplemousses jaunes non traités à peau épaisse
- Sucre en poudre
- 1 citron (jus)

On ne se servira que de la peau des pamplemousses, ou plus exactement du « blanc » de la peau.

Râper soigneusement les pamplemousses afin d'enlever tout le zeste.

Les couper en quatre, dans le sens des quartiers, et enlever la chair. Il ne reste donc que le blanc.

Peser les blancs : il faudra le même poids de sucre.

Recouper les bandes de blanc en deux dans le sens de la longueur, si les bandes semblent trop larges (soit 8 lanières par pamplemousse).

Mettre les blancs à tremper dans une bassine d'eau froide pendant 15 min pour ôter l'amertume. Renouveler l'opération trois ou quatre fois.

Les faire blanchir dans l'eau bouillante. Changer l'eau deux ou trois fois, là encore pour enlever l'amertume.

Égoutter les blancs. Les arroser de quelques gouttes de jus de citron, cela donne bon goût.

Mettre le sucre à fondre dans une marmite avec de l'eau additionnée de jus de citron (12 cl de liquide pour 500 g de sucre).

Au bout de quelques minutes, quand le sucre est fondu (et surtout pas coloré), baisser le feu et ajouter les blancs dans le sirop : au fur et à mesure, et par petites quantités, pour qu'ils s'imprègnent bien de sucre.

Laisser confire à feu très doux. Remuer.

On peut ajouter du sucre en cours de cuisson, si nécessaire, mais il faut veiller à ce que le sucre se dissolve bien. Il ne doit en aucun cas crisser sous la dent, sinon c'est raté.

Ajouter de temps en temps un peu d'eau (en très petites quantités).

On peut éteindre le feu, laisser reposer et rallumer, cela n'en sera que meilleur.

Les pamplemousses ne doivent pas se colorer, ils deviennent alors translucides.

Les oranges confites

Ingrédients

- 1,5 kg d'oranges non traitées à peau épaisse
- 1 kg de sucre en poudre
- 2 citrons (jus)

Râper les oranges.

Faire tremper les oranges entières dans l'eau, les faire bouillir pendant 15 min en partant d'une eau froide.

Les rincer, les couper en quatre quartiers. Dans cette recette, on garde la chair.

Faire fondre le sucre dans de l'eau additionnée du jus de citron (25 cl de liquide en tout). Le sirop ne doit pas colorer.

Plonger les quartiers d'orange et les faire cuire à petit feu pendant 30 min.

Laisser reposer, puis remettre sur le feu jusqu'à ce que les oranges prennent couleur et que le jus réduise. Renouveler l'opération plusieurs fois jusqu'à obtenir des oranges confites dans un sirop orange translucide et mielleux.

Ruth

Sucré-salé

Elle est cadre supérieure, et même très supérieure... L'anonymat lui convient, avec les proches seulement elle parle de « maman ».

ZORA-LOUISE, la mère de Ruth, a quatre-vingt-huit ans, mais elle ne veut pas entendre raison quand ses proches lui disent qu'entrée-plat-dessert, cela devrait suffire. Elle continue, quand elle reçoit ses enfants et petits-enfants toutes les semaines, de préparer la soupe de fèves fraîches pour l'un, le caviar d'aubergines pour l'autre, et pour sa fille, ce couscous si particulier.

Pourtant, dans la rétine de Ruth persiste une autre image de sa mère, qui remonte à l'enfance : maman corrige les copies, maman est institutrice. À cette époque, la cuisine est le royaume de la grand-mère de Ruth, qui a toujours habité non loin de leur famille, tantôt dans la même rue, tantôt sur le même palier. C'est elle qui a gâté les enfants quand Zora-Louise les formait, les portait, les relevait. Au moment de se choisir un modèle, Ruth s'est tournée vers sa mère qui dans sa jeunesse avait préféré devenir chef scout plutôt que jeune fille en fleur… La première saveur maternelle a été celle de l'indépendance.

Et puis, à la retraite, Zora-Louise a traversé le palier, elle a sonné chez sa mère, elle l'a observée et elle a cuisiné avec elle, si bien que quand celle-ci est « partie » à cent ans, elle a pris le relais, naturellement, tout en demeurant une femme de tête, cela ne se perd pas. La mère de Ruth a « absorbé » la sienne, en quelque sorte, elle s'est inscrite dans une chaîne de transmission dont l'héritage culinaire fait partie… Jusqu'à ce couscous hors des sentiers battus.

Le couscous aux fruits secs

Ingrédients

- 500 g de couscous fin
- Amandes
- Raisins secs
- Pruneaux
- Abricots secs
- Sucre en poudre
- Sucre glace
- Cannelle
- Huile neutre
- Sel fin

Le grain

Verser le grain dans un grand saladier, couvrir d'eau froide, rincer et égoutter tout de suite (en versant l'excédent d'eau, passoire inutile).

Remuer le grain à la fourchette pour le décoller, mettre 1 cuil. à soupe d'huile, remuer encore à la fourchette. Étaler le grain dans la partie haute du couscoussier. Ne pas couvrir.

Remplir d'eau la partie basse du couscoussier et porter à ébullition.

Quand la vapeur sort, verser le grain dans le grand saladier et l'aérer au fouet, puis à la cuillère en bois. Ajouter un verre d'eau froide et 1 cuil. à café de sel dissoute dans de l'eau. Aérer encore, ajouter 1 cuil. à soupe d'huile, aérer encore et remettre dans le couscoussier. Couvrir.

Quand la vapeur sort, le couscous est cuit.
Le mettre dans le saladier, l'aérer à la cuillère en bois (cette fois-ci, ne rien ajouter : ni eau ni huile).

Si on ne le mange pas tout de suite, le remettre dans le haut du couscoussier, couvrir et éteindre le feu. Au moment du repas, rallumer le feu pour le réchauffer en veillant à ce qu'il y ait toujours de l'eau.

Les fruits secs

Émonder les amandes.

Faire gonfler les raisins dans de l'eau chaude.

Faire tremper les pruneaux et les abricots dans de l'eau tiède. Puis les découper en morceaux.

Dans une casserole, préparer un caramel
avec un fond d'eau et 1 cuil. à café de sucre
(ou un peu plus). Y mettre tous les fruits secs
et les imbiber du caramel.

Le dressage

Présenter le couscous en pyramide et disposer les fruits secs à la base tout autour.

Préparer un mélange de sucre glace
et de cannelle à répandre sur le sommet
et à servir à côté dans un petit bol
pour que chacun puisse en ajouter
à volonté.

Claude

Douze ans qui comptent pour une vie

Nos routes n'étaient pas programmées pour se croiser, mais les hasards de la vie ont fait que... Puis nous avons découvert que nous avions en commun le goût de nos mères.

CLAUDE EST UN MAGISTRAT sexagénaire, pourtant une part de lui demeure le petit garçon de douze ans qui a perdu sa mère. Bien sûr, dans sa salle de tribunal, greffiers, avocats et justiciables l'ignorent.

Sa mère avait été malade longtemps, ils savaient tous les deux que le temps ensemble était compté. Leur relation n'en a été que plus dense. Ces douze années avec elle ont forgé ce qu'il est devenu. Josette était une femme intelligente, mais elle était issue d'un milieu rural qui ne lui avait pas donné la possibilité de faire des études. Son fils unique était tacitement mandaté pour combler ce manque, c'est du moins ainsi qu'il l'a ressenti. Elle ne le lui disait pas, mais elle le faisait comprendre. « Tu vois, lui glissait-elle, en lui montrant une estampe à laquelle elle tenait beaucoup, si tu as un bon travail, tu pourras en acheter une comme celle-là un jour. » L'estampe de sa mère se trouve aujourd'hui dans son bureau de juge.

À l'école il est donc devenu le premier de la classe, dépassant les fils du pharmacien et du médecin chez qui sa mère faisait des ménages. Et le petit garçon se disait que grâce à cela sa mère pouvait désormais entrer chez ses employeurs la tête haute…

La vie ne leur a pas laissé le temps de la crise d'adolescence et de l'éloignement géographique ou affectif qui parfois viennent avec le passage à l'âge adulte. C'est comme si une coulée de lave avait figé leur lien idéal à jamais, l'image de sa mère n'a pas été altérée. Elle l'accompagne avec douceur, il est rare qu'un jour se passe sans qu'il ait une pensée pour elle.

Ce qui lui reste des temps enchantés, c'est aussi la saveur simple d'un gâteau au chocolat. Si toutes les familles, ou presque, ont leur gâteau au chocolat, c'est bien parce qu'il est lié à l'enfance.

Claude n'a pas la recette de sa mère. Mais nous avons demandé à Guy Krenzer, le directeur de la création chez Lenôtre, celle d'un cake au chocolat qui soit affectueux…

Le cake chocolat, crumble au cacao du chef Guy Krenzer

Les quantités données sont prévues pour 4 cakes de 450 g (ceux pour 4 personnes chez les pâtissiers). Rien n'empêche de faire des cakes individuels ou de diviser les proportions par deux et réaliser un grand cake pour 8 personnes. Il peut se déguster aussi bien seul qu'accompagné de son crumble au cacao.

Le cake chocolat

Ingrédients

- 175 g d'œufs (soit 3 œufs)
- 510 g de sucre semoule
- 185 g d'huile de pépins de raisins (soit 18,5 cl)
- 120 g de cacao en poudre extra brut
- 285 g de farine tradition T55
- 8 g de levure chimique
- 175 g de crème fraîche
- 340 g de lait entier (soit 34 cl)

Mélanger les œufs et le sucre au fouet, puis verser l'huile, tout en mélangeant.

Tamiser la farine avec la levure et le cacao et verser dans l'appareil en mélangeant doucement le tout.

Ajouter délicatement la crème fraîche et le lait.

Le truc du chef : verser l'appareil dans le moule, le placer pendant 1 h au congélateur pour qu'il durcisse. Ainsi, l'appareil à crumble ne s'enfoncera pas dans la pâte quand on en saupoudrera l'appareil à cake avant d'enfourner.

Le crumble au cacao

Ingrédients

- 95 g de beurre doux
- 95 g de sucre semoule
- 50 g de sucre glace
- 50 g de poudre d'amandes
- 60 g de farine T55
- 15 g de cacao en poudre
- 1 g de sel fin

Travailler le beurre avec une spatule en bois pour le lisser.

Ajouter le sucre en poudre et le sel fin.

Mélanger le sucre glace et la poudre d'amandes et les ajouter.

Finir par la farine tamisée mélangée avec la levure et le cacao en poudre.

Émietter la pâte et la mettre sur une plaque au réfrigérateur.

Repartir le crumble sur le cake sorti du congélateur.

La cuisson

Préchauffer le four à 210 °C (th. 7).

Enfourner le cake et baisser la température. Cuire à 160 °C (th. 5) pendant 35 min.

Pour un grand cake de 8 personnes, prévoir 10 min supplémentaires.

Tester à la pointe du couteau.
Autre truc du chef : si la lame ressort légèrement humide, le cake sera un peu fondant.

Démouler sur une grille et laisser refroidir.

Pascale Clark

Tous les samedis

Pascale Clark est journaliste, c'est son métier et sa passion. Elle est la fille de Frania, c'est son identité et son bonheur. Elle a évoqué sa mère dans un beau livre, Mute. *Elle nous a offert ce texte.*

JE N'AVAIS PAS MANQUÉ beaucoup de samedis, même si je parierais que c'était encore trop à son goût. Examinons les outrages.

Absente pour cause de vacances (tandis que la culpabilité n'en prenait jamais), et encore, je m'arrangeais pour faire signe, je me revois l'appeler depuis New York, hurlant en pleine rue debout dans une cabine aux touches métalliques, je lui téléphonais quand pointait le samedi, mon midi était son début de soirée, oui, elle acceptait l'appel en PCV qui lui serait facturé, *I accept*, en raccrochant, elle irait préparer le dîner.

J'avoue, j'avais aussi séché pour des obligations plantées le même jour, mais maintenant que j'y repense, peu avaient survécu à notre rendez-vous tacite.

Le samedi, je le passais avec elle dans l'appartement qui avait été le mien, le samedi lui était naturellement réservé, les autres pouvaient aller se faire cuire un œuf.

Ça se jouait dans la cuisine, sur l'image figure de bout en bout l'increvable table jaune en Formica – enfant, elle existait déjà, quand ma maman avait encore sa maman et que s'entreprenait en duo, mémé aux commandes, un festin yiddish suffisant pour nous nourrir sur trois générations.

J'arrivais vers 13 heures en pensant que j'aurais dû arriver plus tôt, elle m'attendait prête à allumer le feu de la cuisinière, peu nous importait le menu, un steak ferait l'affaire, elle avait déjà déjeuné, nos vies continuaient leur décalage horaire, elle s'asseyait à mes côtés, pressée d'entendre le récit de la semaine passée, d'un samedi à l'autre, à l'affût du moindre détail à exagérer.

Au moment du fromage, mes impasses s'étaient éclaircies de ses lumières, nous avions ri, pleuré parfois, comment savait-elle tout ça, devinant ce que je taisais, s'oubliant dans le tumulte de ces tourments ?

Alors, d'un geste sûr, invariablement, elle mettait le feu aux bananes imbibées de rhum, tous les samedis, notre amour flambait.

Pascale Clark

Les bananes flambées au rhum

Pascale Clark n'avait pas la recette de sa mère. Élisabeth Scotto nous a donné la sienne.

Ingrédients pour 2 ou 4 pers.

- 2 bananes mûres mais fermes
- 50 g de beurre doux
- Graines d'une ½ gousse de vanille fendue en deux
- 50 g de sucre roux
- 2 ou 3 cuil. à soupe de rhum ambré

Peler les bananes et les couper en deux dans la longueur.

Faire fondre le beurre dans une grande poêle et y faire blondir les bananes à feu doux, 2 min côté coupé, puis les retourner et laisser cuire encore 2 min.

Parsemer les bananes de sucre et de vanille et les rouler dans la poêle.

Verser le rhum et l'enflammer.
Dès que la flamme s'est éteinte, servir.

Pedro

Déjeuner chez ma mère

J'ai vu grandir un enfant et il devient un adulte formidable. Il s'appelle Pedro. Maria et Pedro, mère et fils.

PEDRO DÉJEUNE tous les jours chez sa mère. Il lui faut au minimum une heure pour se déplacer, déjeuner et retourner à son travail. Il a quarante ans, deux enfants, il est cadre en proche banlieue parisienne, c'est parfois acrobatique mais pour lui ce n'est pas un poids, au contraire, une respiration.

Au moment où il quitte le bureau pour la rejoindre, elle enfourne le crumble aux pommes un peu acides qu'elle lui faisait déjà quand il était petit… Il vient déjeuner dans l'appartement où il est né et où il a grandi. Deux chambres de bonnes réunies, de vingt mètres carrés en tout, sans salle de bains. Il y a été heureux, il n'a manqué de rien, les enfants de l'immeuble adoraient venir chez eux, l'atmosphère y était tendre, et sa mère leur faisait des crêpes ou le fameux crumble. Certains gosses devenus grands s'en souviennent encore.

Maria est portugaise, arrivée en France à la fin des années 1960. Son fils l'a vue travailler beaucoup, et il a vu également des liens d'affection se créer et durer avec ceux chez qui elle était employée. Elle a été gouvernante successivement, sur de longues durées, dans deux familles du même immeuble, premier étage puis cinquième, ce qui fait que la majeure partie de sa vie s'est déroulée dans ce bâtiment haussmannien où elle habite toujours.

Elle aurait pu déménager, elle avait préféré être logée petitement dans un beau quartier où son fils aurait accès aux bonnes écoles, plutôt qu'occuper un espace plus vaste en grande banlieue. Même si ce n'était pas tout à fait l'égalité des chances… Il a manqué à Pedro les sorties culturelles et les cours particuliers qui étaient le lot commun des familles aisées, il n'empêche, il a refusé la fatalité sociale et il a réussi. Maria ne sait pas très bien ce que fait son fils, mais elle sait qu'il a un bon travail et qu'il exerce le métier dont il rêvait.

Il vient déjeuner, et pour sa mère c'est son bonheur du jour. Elle n'a rien demandé, c'est lui qui a instauré ce rendez-vous quotidien. Pour le plaisir de se voir et pour qu'il puisse constater de ses yeux qu'elle va bien. Car il la connaît, ce n'est pas dans le caractère de Maria de demander de l'aide… même quand elle a eu un AVC qui heureusement n'a pas laissé de séquelles. Ils se sont dit « je t'aime » quand elle était aux urgences et qu'ils ont eu peur. Tous les autres jours, leur amour s'exprime sans mots.

Le crumble aux pommes acides

Ingrédients

- 2 pommes rouges
- 2 pommes vertes (granny smith)
- 125 g de farine
- 125 g de cassonade
- 125 g de beurre dur + beurre pour le plat
- 50 g de poudre d'amande ou de noix de coco râpée

Préchauffer le four à 140 °C (th. 4-5).

Éplucher les pommes et les couper en petits morceaux.

Beurrer un plat allant au four et disposer les morceaux de pommes.

Dans un saladier, verser la farine, la cassonade, le beurre coupé en morceaux et la poudre d'amande ou la noix de coco.

Travailler à la main pour obtenir des miettes.

Les disposer sur les pommes.

Cuire pendant 15 à 20 min dans le four.

Augmenter ensuite la température pour que le crumble dore (ou mettre sur la position gril en surveillant qu'il ne brûle pas).

Marie-Pierre Planchon

Une femme libre

Elle nous accompagne tous les matins sur France Inter, elle dit la pluie et le beau temps. Et autant que la météo, c'est la joie dans la voix de Marie-Pierre Planchon que nous entendons. C'est avec flamme qu'elle se souvient de celle qui lui a transmis l'essentiel.

Sa mère lui a appris que rien n'est plus important dans la vie qu'aimer. C'est l'héritage qu'elle retient de cette femme libre et amoureuse dont elle est fière, et qui a fait d'une boutique, avec l'appartement au-dessus, le lieu du bonheur…

Dans la vitrine du magasin, on pouvait voir des vêtements pour enfants des marques de l'époque, comme Bambino, dont le nom s'affichait en grand. Parfois les fillettes aidaient à la vente, la sœur de Marie-Pierre était plus douée, paraît-il. Le salon et la cuisine s'inscrivaient dans le prolongement de la boutique, et tout communiquait, la layette, les devoirs et le dîner en train de cuire. C'était chaleureux, et cette organisation était commode pour leur mère souvent seule avec ses deux filles. Le père de Marie-Pierre était marié ailleurs. Mais sa femme s'accommodait de la situation, c'était la province des années 1960…

Les deux sœurs n'étaient pas des enfants cachées, leur père avait voulu les reconnaître quand une loi importante pour les enfants naturels avait été votée en 1972. Mais il était mort sans en avoir eu le temps. Gisèle Halimi s'était occupée de régulariser leur situation. Marie-Pierre avait alors quatorze ans, elle se souvient de l'émotion de l'avocate quand, dans son cabinet, avait eu lieu la rencontre avec ses deux demi-frères…

Tout cela, sa mère ne l'avait pas vécu en victime. C'était fondamentalement quelqu'un de libre, elle avait choisi sa vie et connu le véritable amour.

Marie-Pierre a aimé être la fille de cette femme-là, elle a aimé son panache en toute chose.

Le dimanche, sa mère faisait son fameux diplomate au chocolat et au Grand Marnier – la vie est un alcool fort. À l'âge où les vieilles dames se rangent des voitures, elle regardait sa petite automobile rouge, qu'elle ne pouvait plus conduire, en rêvant à haute voix : « Un jour, je me mettrai au volant et je partirai droit devant moi ! »

Le diplomate au chocolat et Grand Marnier

La recette vous est proposée pour 6 personnes.

La mousse au chocolat

Ingrédients

- 200 g de chocolat noir 65 % minimum
- 4 œufs
- 2 cuil. à soupe de sucre en poudre
- 2 cuil. à soupe de Grand Marnier
- 1 pincée de sel

Préparer la mousse au chocolat la veille.

Séparer les blancs des jaunes d'œufs.

Ajouter le sel dans le saladier des blancs et les monter en neige très ferme.

Dans le plat de service, mélanger les jaunes avec le sucre.

Faire fondre le chocolat, ajouter le Grand Marnier et mélanger ensuite avec les jaunes sucrés.

Attendre que ce mélange tiédisse et incorporer tout délicatement les blancs en neige.

Le diplomate

Ingrédients

- 500 g de biscuits à la cuillère
- 1 verre à liqueur de Grand Marnier

Le jour même, tapisser de papier sulfurisé le fond d'un moule à soufflé.

Garnir l'intérieur avec les biscuits imbibés de Grand Marnier (mettre la partie arrondie des biscuits contre les parois du moule, le côté plat vers l'intérieur).

Remplir généreusement le moule en alternant couche de mousse au chocolat et biscuits.

Tasser avec un poids et mettre au frais de quelques heures à une demi-journée.

La crème anglaise

Ingrédients

- ½ litre de lait
- 1 sachet de sucre vanillé
- 4 jaunes d'œufs
- 100 g de sucre en poudre
- 1 très petite pincée de sel

Faire bouillir le lait avec le soupçon de sel et le sucre vanillé.

Mettre dans un saladier les jaunes d'œufs avec le sucre. Travailler avec une cuillère en bois jusqu'à ce que le mélange blanchisse un peu.

Incorporer peu à peu le mélange, hors du feu, au lait bouillant.

Replacer la casserole sur un feu doux, sans cesser de remuer avec la cuillère en bois et en grattant bien le fond, jusqu'à ce que la crème prenne un peu de consistance et enrobe la cuillère.

Retirer du feu avant l'ébullition, sinon la crème tournerait. Laisser refroidir.

Le dressage

Démouler le diplomate sur un plat rond.

Recouvrir de mousse au chocolat.

Arroser de crème anglaise très froide.

Le goût de ma mère

Aux tantes qui nous ont tant aimés

Elles ont leur place ici, les femmes qui n'ont pas eu d'enfants, qui se disent qu'elles auraient été de bonnes mères et qui ont aimé follement leurs neveux et nièces... Alors voici ma tante Messody, ses bénédictions et ses petits gâteaux au sésame.

Nous étions, ma sœur et moi, les seuls enfants de notre famille du côté paternel, vieille famille qui s'éteignait, et ces fillettes étaient arrivées comme un miracle. Même pour dire une chose anodine, ma tante Messody ne pouvait pas s'adresser à nous sans avoir précédé son intervention d'un long chapelet de bénédictions, qu'elle terminait en pleurant et riant à la fois.

J'allais chez elle tous les mercredis. Nous avions nos rites : gâteaux au sésame un peu durs, c'est cela qui est bon, et promenade en ville. Dans la rue, elle me serrait le poignet si fort, de crainte que je me fasse renverser par une voiture, qu'elle bloquait ma circulation sanguine...

Elle et sa sœur aînée Hannah portaient notre père en creux. Il avait été le frère qui aime, protège, gâte, et elles ne s'étaient pas remises de sa disparition. Elles l'exprimaient en silence, des yeux qui s'embuaient quand elles nous regardaient. De temps en temps, un « lui » échappait à notre tante Messody. Juste « lui ». Elle cherchait en nous une ressemblance morale, plus encore que physique, elle espérait déceler des signes de droiture et de générosité. Avec son « lui » furtif et économe, elle nous a transmis notre père.

On devrait en savoir plus sur ceux qui nous aiment tant... Les enfants ne sont pas assez curieux, être aimés leur suffit.

Je trouvais le prénom de ma tante, Messody, pas très joli. Je savais qu'elle avait chanté l'*Internationale*, mais où, comment, pourquoi... je l'ignore. Je savais que cette petite femme au petit chignon avait été une jeune fille en vue, j'avais du mal à l'imaginer – les gosses sont des chipies –, pourtant elle avait plus d'envergure que nombre de gens, et même enfant j'en étais consciente. De tous ses prétendants, c'était donc le doux Joseph qui avait eu sa main. Ils formaient un couple inséparable, ne pas pouvoir avoir d'enfants les avait unis dans la solitude. Puis leurs nièces étaient arrivées, et toute la capacité d'amour qu'ils portaient comprimée en eux s'était libérée.

Ma tante Messody n'était pas un cordon-bleu mais elle faisait très bien les cacahuètes grillées et les gâteaux au sésame. Plus personne n'achète des cacahuètes crues pour les faire griller avec beaucoup de sel, bien que ce soit très bon… On passera donc directement aux gâteaux au sésame.

E. B.

Les gâteaux au sésame

C'est en fait une sorte de nougatine au sésame.

Ingrédients

- 400 g de graines de sésame
- 200 g de sucre en poudre
- Huile
- *Facultatif :* noix ou amandes grillées

Quelles que soient les quantités choisies, prévoir 2 volumes de sésame pour 1 volume de sucre.

Dans une poêle, faire très légèrement griller les graines de sésame à sec.

Faire fondre le sucre dans une casserole à feu moyen. Quand il caramélise, ajouter un peu d'eau chaude et remuer.

Jeter les graines de sésame dans ce caramel et remuer rapidement avec une cuillère huilée.

On peut ajouter des morceaux de noix ou d'amandes grillées.

Étaler la préparation sur un plan de travail huilé. Abaisser au rouleau à pâtisserie (lui aussi huilé) sur une épaisseur de moins de 1 cm.

Découper des lanières de 3 à 4 cm de large, les recouper ensuite en forme de losanges. Travailler vite pour que le caramel ne durcisse pas.

Une fois les gâteaux découpés, laisser sécher avant de les ranger.

Cela donne une sorte de nougatine au sésame.

NB : on trouve des croquants de sésame chez certains traiteurs libanais !

Danielle Messager

Un jardin extraordinaire

Danielle Messager est journaliste à France Inter. Peut-être tient-elle de sa mère son exigence, capitale dans le secteur qu'elle couvre, la santé. Marie-Jo était on ne peut plus fiable, elle a su cultiver sa famille et son jardin, sans mauvaises herbes.

MA MÈRE S'APPELAIT Marie-Josèphe. Ses parents, Marie et Joseph, étaient allés au plus simple… Elle trouvait son prénom vieillot, aussi pour tous elle était : Marie-Jo. Tous, c'était non seulement la famille, mais aussi les amis et les commerçants du quartier. Pour ces derniers, mon père était même très vite devenu « Monsieur Marie-Jo ».

Mes parents s'étaient installés dans une maison avec jardin en Seine-et-Marne, à une époque où la grande banlieue parisienne était encore la campagne. D'ailleurs, quand les proches venaient de Paris pour déjeuner chez nous, ils considéraient qu'ils allaient passer un dimanche au grand air ! Les années 1960-1970 ne sont pas si loin, mais c'était une autre France…

Enfant, j'avais entendu dire que ma mère avait fait un « beau mariage », expression elle aussi datée qui signifiait qu'elle avait épousé un garçon d'un milieu bourgeois, alors que ses parents tenaient une épicerie. En grandissant, j'ai pensé : « Bravo Marie-Jo, tu as fait mentir les déterminismes sociaux ! »

Cela n'a pas empêché ma mère de régner, gentiment mais fermement, sur sa famille. Tandis que mon père travaillait de nuit comme typographe, elle, à la maison, décidait de tout : les menus, l'éducation des enfants, et même qui on fréquentait et qui on ne fréquentait pas… Son pouvoir s'était toutefois arrêté au bureau de vote, elle était de droite et son mari résolument de gauche. Des étrangers auraient trouvé cela *so French* !

Marie-Jo, qui aurait tant aimé aller plus loin dans ses études et être institutrice, a été fière de me voir devenir journaliste à la radio. Elle me disait : « La pharmacienne t'a entendue… » Mais elle ne perdait pas de vue l'essentiel : sa fille avait un bon métier, un bon salaire…

Presque autant qu'à sa famille, ma mère prêtait une grande attention à son jardin, ses fleurs, ses arbustes et quelques arbres fruitiers parmi lesquels, impérial, un immense cerisier fournisseur d'ombre, de jeux, et bien sûr de ce pour quoi il était fait : des kilos et des kilos de bigarreaux rouges ! De quoi nourrir la moitié de la rue et fournir à Marie-Jo la matière première de ses magnifiques clafoutis…

Ce dessert me renvoie à une enfance heureuse dans un petit jardin qui nous semblait extraordinaire, avec une mère solide comme un chêne, et je savais que je pourrais compter sur son amour, à toute heure et à tout âge.

Un automne, une maladie frappa le cerisier. Il se mit à dépérir, les branches menaçaient de tomber, il fallut l'abattre. Ce fut la fin de mon enfance.

Le clafoutis aux cerises

Les cerises non dénoyautées donnent un meilleur goût, mais la dégustation est moins aisée.

Ingrédients pour 6 pers.

- 1 kg de cerises
- 125 g de farine
- 125 g de sucre en poudre
- ½ cuil. à café de sel
- 3 œufs
- 6 dl de lait
- 1 dl de crème
- *Facultatif* : kirsch

Laver les cerises, les équeuter et les dénoyauter.

Mélanger la farine avec le sucre et le sel, et y incorporer les œufs entiers battus. Mouiller avec le lait et la crème.

Prendre un moule de 25 cm de diamètre, à bords élevés, et le mettre 5 min dans un four très chaud.

Pendant ce temps, mélanger les fruits à la pâte liquide (on peut ajouter un peu de kirsch). Verser le tout dans le moule chaud, hors du four.

Faire cuire 45 min à four moyen, en couvrant de papier sulfurisé la surface du clafoutis s'il a tendance à trop dorer.

Gilles Jacob

Denise

Pendant longtemps « patron » légendaire du Festival de Cannes, Gilles Jacob n'a cessé de déclarer son amour pour le cinéma, y compris dans les livres. Cet homme pudique a aussi écrit son attachement à la famille dont il est issu. Il est donc bienvenu ici, avec sa mère et le texte qu'elle lui a inspiré.

ELLE AVAIT L'AIR d'une jeune fille, fraîche et rieuse. Le souvenir de son visage, modiglianesque, je le dois à des photos d'époque où, derrière des anglaises, ses yeux noisette fixent l'objectif.

Dès notre naissance, ma mère n'a vécu que pour ses deux fils. Jusqu'à la guerre, nous avons été des bambins comblés. Ensuite, fini le bon temps, il y eut des événements dramatiques où elle se conduisit héroïquement. Mais nous étions trop jeunes pour l'apprécier. Ce n'est que bien plus tard que j'ai su ses pensées.

Denise Lévy ne s'est pas mariée par amour. Elle a subi un mariage arrangé comme il s'en mijotait dans la bourgeoisie juive des Années folles. Fille unique, elle avait l'habitude d'être adulée par son polytechnicien de père et sa mère adorée lui cédait sur tout. Entre Denise et André, le futur mari, lui qui était vigoureux amant, et elle petite porcelaine sans connaissance de la vie, c'était à qui ferait l'amour et à qui ne le ferait pas. Au début, elle obtempéra, elle voulait des enfants ; plus tard, comme d'autres, elle plaida la fausse migraine. On ne divorçait pas en ce temps-là et mes deux grands-mères eurent droit, j'imagine, à des confidences accueillies sans chaleur. Nous, les gamins, nous doutâmes peu à peu de quelque chose – mais quoi ? Un excès de tendresse à notre égard aurait pu nous mettre sur la piste. Comme notre père nous faisait un peu peur avec ses colères non feintes, nous n'avions aucune peine à prendre parti pour Denise.

Elle était une des premières femmes à avoir passé son permis, grâce à ses parents elle était indépendante financièrement, aimait son intérieur, l'Art déco, la reliure, les palaces de la Riviera, elle aurait aussi bien pu s'occuper d'elle mais non, toute sa vie nous fut consacrée : rien d'autre n'importait. À titre de remerciements, nous avions un peu honte de cette mère possessive qui, alors que nous étions devenus depuis longtemps pères de famille, nous prodiguait les mêmes recommandations : mets ton écharpe, ne rentre pas trop tard… Mâche !

La cuisine ne l'intéressait que pour nourrir sa famille. Sauf le week-end, où elle peaufinait une charlotte au chocolat à s'en lécher les babines.

Gilles Jacob

La charlotte au chocolat

Et son lot de petits secrets familiaux de fabrication…

Ingrédients

- Biscuits à la cuillère
- Mousse au chocolat*
- Crème à la vanille*
- Kirsch

* de préférence, maison.

Prendre un moule à charlotte. En tapisser les bords et le fond de biscuits à la cuillère (pas des boudoirs), face bombée contre les parois, et qu'on aura imbibés d'eau additionnée de gouttes de kirsch (le nombre exact de gouttes fait partie du secret familial de fabrication).

Dans le fond du moule, déposer une couche d'environ 2 cm de mousse au chocolat préalablement préparée.

Poser ensuite par-dessus une couche de biscuits, puis à nouveau une couche de mousse et ainsi de suite, en alternant jusqu'en haut du moule et en inversant le sens des biscuits.

Juste avant le repas, après une nuit au réfrigérateur, démouler et verser par-dessus et sur les côtés une crème à la vanille faite maison, assez épaisse et parfumée elle aussi de quelques gouttes de liqueur (si on ne dispose pas de kirsch, l'alcool de framboise voire la poire peut remplacer).

Les biscuits imbibés la veille doivent être mous mais pas trop pour que le gâteau se tienne après démoulage sur le plat de service.

Servir.

Claude Askolovitch

Dans un goût de souris

Claude Askolovitch officie à la revue de presse. Il nous donne des nouvelles du monde. Nos bureaux ne sont pas loin l'un de l'autre, nous parlons actualités, mais pas que… C'est ainsi que nous en sommes arrivés au goût de sa mère. Il nous a offert ce texte.

DU GOÛT DE MA MÈRE, je ne sais pas la naissance : elle ne se souvient pas de la saveur de l'orange qu'on lui donna à Biberach, au sud de l'Allemagne. Ses parents et elle y avaient échoué, évacués de Bergen-Belsen dans un convoi de la Croix-Rouge par la chance de faux papiers latino-américains. C'était au début de 1945, Evelyn avait six ans ; la famille avait été prise par les nazis vingt-deux mois plus tôt. On avait dû lui peler l'orange, elle n'avait jamais appris.

À Biberach – un simple camp d'internement jusque-là peuplé de civils britanniques retenus par la guerre – Evelyn mordit aussi dans une banane, elle ignorait qu'il faut ôter la peau. Ma mère me dit que de toute manière elle n'aime pas les bananes.

Au printemps, des troupes françaises entrèrent dans Biberach, et après elles les douceurs alliées. Le goût de ma mère se fixa sur des boîtes de lait concentré sucré, qu'avec son père elle mélangeait à du cacao ; ils décidèrent ensuite que nature, c'était meilleur.

J'ai longtemps hésité à écrire un texte sur le goût de ma mère. J'avais peur – je touche du bois – qu'en écrivant je la chasse de la vie.

J'étais embarrassé par ma banalité gastronomique. Mariée à vingt ans, elle avait appris en avançant à nourrir les siens, tenue au surplus par la contrainte de la cacherout, dans une France qui glissait vers le surgelé. Je suis un enfant des croquettes de poisson et des crèmes Danino. Ma mère cuisinait des desserts. Ma sœur et moi léchions sur des ustensiles de plastique le glaçage des gâteaux au chocolat. Nous mangions des glaces en Normandie, pour moi des pêches Melba et pour mon père des profiteroles. Nous prolongions, je réalise, la suavité du lait concentré sucré. C'était à son goût de survivante que ma mère forgeait le nôtre.

De sa déportation, elle ne parlait guère, mais nous savions. À Pessah, la Pâque juive, les nazis ne distribuaient pas de pain aux déportés, et aucune nourriture à Kippour. Au présent, nous mangions dans l'innocence de la classe moyenne (je me souviens aussi d'une yaourtière) mais, à côté, des étrangetés venues d'un passé judéo-allemand. Ma mère réussit encore la soupe aux boulettes de *matza* où flottent les légumes et des brins de poulet, et aussi une salade de pommes de terre que goûtent mes enfants, et son foie haché est meilleur depuis qu'elle a renoncé à la mayonnaise – n'a-t-elle pas la consistance, encore, du lait concentré ? Mais c'est d'abord de Hollande où ma mère est née en 1938 que me vient notre goût.

Chez mes grands-parents d'Amsterdam, au petit déjeuner, se mangeaient des exotismes, inimaginables pour nos copains d'école. C'était du beurre de cacahuète Pindakaas, du sucre de couleur marron, et surtout des petits cubes de sucres roses et blancs, et des vermicelles de chocolat, qui se collaient sur le beurre des tartines. Ma mère les appelait « souris sucrées » et « souris chocolatées ». J'ai longtemps cru que ces mots étaient son invention – elle est drôle et follette à ses jolies heures. Ce n'est qu'à moitié vrai. Aux Pays-Bas, les souris sucrées s'appellent bien *muisjes*, « souris », et les souris chocolatées *hagelslag*, « coup de grêle » – mais *muizenstrontjes*, « crottes de souris », en Belgique. Le goût de ma mère se faufile comme le plus mignon des rongeurs.

Claude Askolovitch

Catherine Esse

Neige

Grand reporter, Catherine Esse a beaucoup baroudé à travers le monde. Le trajet qu'elle fait le plus souvent aujourd'hui la mène à Lyon, pour voir sa mère. De là est venue son envie d'écrire ce texte.

J'AI PERDU MA MÈRE l'année de la Covid. Enfermée dans sa chambre, où seules pénétraient, le temps de la nourrir ou de la laver, d'étranges cosmonautes masquées, son esprit déjà vacillant a préféré fiche le camp. Pas folle, la guêpe. Enfin si, justement. Comment faire autrement ? Elle qui, il y a quelques mois encore, aimait à chanter de vieux refrains de son enfance, à fredonner du Mozart ou du Chopin, la voilà qui trébuche et ne retrouve plus rien, ni l'air ni les paroles. L'autre jour, quand je suis venue lui rendre visite – une heure, pas plus, avec distance réglementaire et masque, c'est la loi des Ehpad –, elle a lancé un « Ma chérie, tu es là ! » dont je ne suis pas sûre qu'il me soit adressé. Tout est allé si vite.

Le vin blanc (mâcon de préférence), le saucisson sec et les fromages de chèvre ont été ses dernières gourmandises. C'était il y a un siècle. À présent, d'innommables bouillies « mixées » lui sont servies en guise de repas. Plus d'une fois, faisant manger ma mère, je me suis dit qu'il serait plus humain et malin de lui offrir ce qu'elle aime, des œufs à la neige, par exemple. Avec de la praline broyée – pas en poudre, surtout ! –, les petites pépites rose foncé parsemant la tendre blancheur de l'œuf monté en neige. La recette lui en a été transmise par sa mère. C'est à peu près le seul dessert qu'elle savait préparer. Et c'est le seul que je peux faire les yeux fermés.

Je dis souvent, pour épater mes petites galeries, que je suis née dans un asile de fous. En réalité, je n'y suis pas née – mais j'y ai passé, à l'instar de mon frère aîné, les premières années de ma vie. Notre mère, interne en médecine, avait choisi la psychiatrie. C'est ainsi que nous avons appris à marcher dans les allées de l'hôpital lyonnais du Vinatier, établissement doté d'un parc immense où longtemps, autrefois, il y eut une ferme avec potagers et bestiaux. Et que maman est devenue, dans les années 1960, l'une des premières pédopsychiatres de sa génération.

Quand j'avais quatorze ou quinze ans, elle m'avait offert un poster, que j'avais mis au mur de ma chambre. C'était le portrait d'une femme (j'ai oublié qui) et ce simple mot : « Indépendance ! » J'ai compris, ou cru comprendre, qu'elle m'encourageait à vivre libre, sans forcément me marier ni avoir des enfants. Je l'ai prise au mot et je suis partie ! Loin, en solitaire. Au Kenya, puis en Algérie, et pour finir un peu partout. Je suis la seule de ses quatre enfants à avoir quitté Lyon et à s'être éloignée assez radicalement du foyer familial. Je crois que ça lui plaisait. Ça la faisait rêver. Parce que je menais, à ses yeux, une vie d'homme ; et parce que les voyages et les pays lointains l'ont toujours attirée. Entre nous s'est créé un lien particulier, romanesque et aventureux. Nous nous écrivions beaucoup. Elle est venue me voir dans presque tous les endroits où j'ai travaillé. En Somalie, au Zaïre ou au Mozambique, c'était impossible, mais elle a fait le voyage de Nairobi, et même d'Alger où je couvrais le début de la guerre civile des années 1990. Elle est arrivée juste avant les premiers attentats.

Jusque-là, quel que soit le pays où j'allais, elle n'avait pas peur pour moi. Mais l'Algérie, c'était autre chose : c'était une guerre opaque et en même temps proche de nous, de la France et de l'histoire de France. Là, elle a angoissé – en silence.

Chaque fois qu'elle venait me voir, où que ce soit, elle préparait des œufs à la neige. C'est un dessert qui peut s'improviser sous toutes les latitudes, il ne nécessite pas d'ingrédients exceptionnels. C'est devenu un rite.

Elle ne m'a pas offert son livre de recettes, elle n'en avait pas. Elle avait gardé celui de sa mère, mais il a été perdu dans les déménagements. En revanche, au soir de sa vie, elle m'a offert le journal intime qu'elle avait écrit à quinze ans : elle était amoureuse d'un garçon catholique… alors que sa famille était farouchement laïque ! J'adore son écriture, c'est comme sentir son parfum ou entendre sa voix. Posés près de mon bureau, sous mes yeux, il y a une liste de courses à faire et un minuscule carnet bleu rempli de charades, de maximes, de jeux « de société », un carnet écrit de sa main d'enfant et titré « Pour se distraire ». L'écume des jours ordinaires, quand on est heureux et qu'on ne le sait pas.

Catherine Esse

Les œufs à la neige

Ingrédients pour 5-6 pers.

- 5 œufs
- 60 cl de lait
- 120 g de sucre en poudre
- 1 gousse de vanille
- 2 ou 3 pralines de Lyon

Choisir une soupière bien évasée, où seront servis les œufs à la neige.

Fendre la gousse de vanille dans la longueur et faire tomber les grains et la gousse dans une casserole de lait.

Dans un saladier, mélanger les jaunes d'œufs et le sucre en fouettant sérieusement, jusqu'à obtenir un blanc mousseux.

Faire chauffer le lait et la vanille jusqu'à ébullition : à ce moment-là, retirer la gousse et verser un 1/5 de la casserole dans le saladier. Fouetter aussitôt avec vigueur.

Verser le contenu du saladier dans la casserole, mélanger et faire cuire à feu doux : c'est OK quand la crème nappe la spatule. À ce moment-là, verser dans la soupière et réserver.

Dans un gros bol, faire monter au fouet électrique les blancs en neige.

Pendant ce temps, mettre de l'eau à bouillir dans une grande casserole.

Avec une petite louche, puiser délicatement dans les blancs montés en neige et faire glisser la « boule de neige » ainsi obtenue dans l'eau bouillante : la laisser 1 min dans l'eau en la retournant, puis l'égoutter.
Faire autant de « boules » qu'il y a de blancs montés en neige.

Déposer les « boules de neige » dans la crème.
Écraser les pralines sans les réduire et saupoudrer dessus.

Mettre au frais pendant au moins 2 h, avant de servir.
À manger tel quel ou avec une brioche au beurre tiède.

Le goût de ma mère

Mères au pluriel

Ma mère était unique à mes yeux, et pourtant…

S'il est un mot que l'on pratique rarement au pluriel, c'est le mot « mère ».

Ma mère (singulier) avait donc deux sœurs. La plus jeune, Marie, la forte tête, avait été subjuguée par les soldats américains qui avaient débarqué au Maroc pendant la guerre, au point d'en avoir épousé un. En revanche, sa sœur aînée Rachel et elle ne se sont pas quittées, et elles sont restées soudées à leur mère.

Pendant une partie de leurs vies et de nos vies d'enfants puis d'adolescentes, nous avons habité le même immeuble. Deux grands appartements identiques, avec un piano à queue dans l'entrée, Pleyel au premier étage, Gaveau au troisième, et nous prenions la plupart de nos repas tous ensemble, si bien que la cuisine était faite de concert. Cela nous a fait une jeunesse joyeuse, dans une atmosphère de famille nombreuse, deux garçons plus grands et quatre filles d'âges très proches.

Nous avons été des jeunes filles qui découvraient ensemble les joies de la coquetterie, avec des mères qui s'en amusaient et nous prêtaient des colifichets pour être les plus belles pour aller danser… Quand, entre nous, nous parlions d'elles deux, nous disions « les mères » : « On va rentrer, il est tard, les mères vont s'inquiéter. »

Ce pluriel surprenait ceux qui nous entendaient. Il était le signe de l'insouciance, quand on découvre le monde au-dehors et que l'on sait qu'on peut s'éloigner un peu, que c'est sans risque puisque le sourire de nos mères dit : « Va, ma fille, va, vis ta vie… »

Y a-t-il un « modèle » de mères selon les époques ? Peut-être. Ma tante comme ma mère, comme quelques autres femmes du même pays, de la même génération, du même milieu, étaient ce que j'appelle des « mères totales », des femmes qui ont consacré leur vie aux autres, à leurs enfants principalement, parfois même exclusivement. Et elles ne le vivaient pas comme un sacrifice, c'était leur vie, c'était même leur joie. Elles s'étaient émancipées d'un milieu très traditionnel, un monde les séparait de celui de leurs mères, il restait du chemin à parcourir, mais elles savaient qu'il était à la portée de leurs enfants : la liberté de choisir sa vie, d'étudier à l'étranger, l'égalité hommes-femmes… les concerts de rock et les minijupes aussi ! Elles vivaient tout cela avec nous, dans l'allégresse.

Sauf le samedi après-midi, ce temps-là était pour elles : les deux sœurs sortaient se promener. Pourquoi le samedi et pas un autre jour de la semaine, puisqu'elles étaient libres de leur temps ? Mystère... « Je sors avec ma sœur ! » Le brushing est impeccable, le sac bien positionné sur le bras, elles se ressemblent, elles ont un sourire de gamines qui s'évadent, pour une fois ce sera leur plaisir d'abord, elles sortent.

Pour le cake aux noix, fait par l'une ou l'autre, il faudra attendre demain...

E. B.

Le cake aux noix

C'était il y a quelques années, nous avions tenté entre cousins de refaire le cake aux noix. La recette était censée se trouver dans le petit carnet vert de ma mère, mais des feuillets s'étaient perdus, nous n'en avions qu'une partie. Nous lui avions téléphoné et elle avait apporté des précisions précieuses (la manière d'incorporer les noix, la cuisson…), cela l'amusait beaucoup. Ces proportions sont prévues pour un moule géant en forme de couronne, comme un moule à savarin en plus grand. J'ai toujours celui de ma grand-mère, ainsi que son rouleau à pâtisserie. J'ai beau les manipuler, le talent, hélas, n'est pas contagieux… Réduire les proportions de moitié pour un moule à cake classique.

Ingrédients

- 1 grand verre de noix pilées
- 8 œufs
- 250 g de sucre en poudre
- 16 cuil. à soupe de farine (soit 250 g)
- 1 sachet de levure
- 1 verre à thé d'huile

Préchauffer le four à 200 °C (th. 6-7).

Mixer des cerneaux de noix. Ne pas mixer trop fin, ce ne doit pas être de la poudre, il faut que dans le cake les noix aient une consistance sous la dent.

Travailler les jaunes et le sucre avec le batteur. Ajouter l'huile tout en continuant à battre.

Dans un autre saladier, battre les blancs en neige.

Prendre une petite partie de ces blancs en neige et la mélanger à la préparation œufs + sucre.

Mélanger la levure avec la farine.

Ajouter le mélange farine-levure au mélange jaunes-sucre par petites quantités.

Ajouter les blancs en neige en soulevant tout doucement.

Incorporer en même temps les noix pilées (mélangées à de la farine) en soulevant la masse pour ne pas casser les blancs.

Huiler le moule et verser la préparation.

Enfourner. La chaleur doit venir du dessous pour que le cake monte.

Surveiller. Une fois le cake « monté », baisser la température du four à 160 °C (th. 5-6).

Lorsqu'il prend une couleur brun clair, le piquer avec la lame d'un couteau. Si elle ressort sèche, le cake est prêt.

Françoise Benhamou

Maman

Françoise Benhamou est enseignante en université. Quand devant quelques amis elle évoque le vide laissé par le « départ » de sa mère et que vient l'inéluctable question sur l'âge, son regard vacille : « Quatre-vingt-huit ans. » Et elle ajoute vite : « Mais c'est ma mère ! » Et son exclamation semble signifier, quand bien même ce serait dans l'ordre des choses, que perdre sa mère demeure un cataclysme... Elle nous a offert ce texte.

MAMAN N'AVAIT PAS FAIT D'ÉTUDES, Vichy en avait décidé autrement.

Elle aimait les livres, les mots, la grammaire. Bien tard, elle se lança dans une thèse et se passionna pour cet exercice, qui l'amena à contribuer à la rédaction du dictionnaire de l'Académie française. Elle adorait vérifier une règle dans le Grevisse – André Gide, qu'elle ne se lassait pas de lire et relire, le considérait comme le meilleur précis de grammaire de son époque.

Maman aimait aussi la peinture, les couleurs. Et composait ses plats avec la même créativité qui fut celle de ses tableaux ; impossible d'obtenir, de son vivant, la moindre recette. Non qu'elle s'y refusât. Mais tout cela était affaire de subjectivité : « Tu mets un peu de ça, et puis une tasse de ça. — Mais une tasse comment, maman ? — Une pas trop grande. — Et puis quoi d'autre ? — Tu goûtes et tu vois. »

Il m'a fallu des jours – des mois – avant d'ouvrir ce qu'elle avait laissé : des liasses de feuillets, en désordre, avec leurs petits bouts de papier collés, à la manière des paperolles de Proust.

Maman nous avait laissé un cahier de recettes. Je ne saurais comment raconter l'émotion devant le message de transmission qu'il dessinait alors.

Il est vrai que la table a occupé une place majeure dans notre jeunesse, et longtemps après. Les dîners familiaux, les retrouvailles, les fêtes et les traditions. Je revois encore la table de la nouvelle année. Le raisin blanc. Surtout pas noir : nous n'étions jamais à court de superstitions…

Pas loin du cahier de recettes, maman a laissé un cahier de souvenirs. Et c'est cette anecdote glissée dans les premières pages qui me vient aujourd'hui. Il y est question d'une petite fille, ma mère, qui voulait échapper à la famille et qui avait trouvé à se cacher dans un bâtiment de la ferme de son père, là-bas, au Maroc, dans cette partie du pays plutôt ingrate et dont la beauté des couleurs ne se découvrait que lentement. Elle y dévorait des livres en mangeant du raisin. Mon grand-père avait planté des vignes et en tirait un vin, le sidi-moussa, dont il était très fier.

Dans le Midi, mes parents avaient fait bâtir une maison où ils comptaient vieillir ensemble, papa avait planté quelques lopins de vigne. Je revois encore la pousse vigoureuse des lianes. Que sont-elles devenues ?

Françoise Benhamou

Le cake au chocolat et à l'orange

Ingrédients
- 200 g de sucre en poudre
- 3 œufs
- 200 g de beurre
- 200 g de chocolat à cuire
- 200 g de farine
- 1 sachet de levure alsacienne
- 2 cuil. à soupe de jus d'orange

Préchauffer le four à 180 °C (th. 6).

Battre sucre et œufs dans un robot jusqu'à ce que le mélange blanchisse (il doit être crémeux).

Ajouter le beurre ramolli.

Faire fondre le chocolat au bain-marie avec 2 cuil. à soupe d'eau, puis ajouter au reste.

Délayer la levure dans la farine et ajouter au reste.

Verser le jus d'orange et mélanger.

Mettre dans un moule à cake beurré et faire cuire 40 min.

Vérifier la cuisson avec une lame de couteau : elle doit être sèche.

Laisser refroidir.

Daniel

Fruits déguisés

Daniel est ingénieur dans les systèmes de défense, en télécommunication et dans le renseignement… Son informatrice, dans le cas présent, travaille encore à l'ancienne, avec des matériaux non sensibles comme des amandes et du sucre. Il s'agit de sa mère bien-aimée, Jeanine.

DANIEL DOIT BEAUCOUP à sa mère, des choses sérieuses et aussi, ce n'est pas négligeable, la meilleure note de sa vie en français : 16 ! Grâce à ses fruits déguisés…

À l'adolescence, l'équation en ce qui le concerne est simple : il est aussi bon en maths que médiocre en lettres. Sauf cette fois-là. Le sujet de la rédaction est ouvert : « Racontez un bon souvenir. » Il a treize ans, son inspiration est plus proche du zéro que de l'infini, mais fort heureusement son palais a gardé la mémoire de pâtisseries qu'il adore : les dattes et les noix fourrées que sa mère Jeanine et sa grand-mère Suzanne font à merveille. Il va donc, séance tenante, en donner la recette.

Il en fait un film d'action, mettant en scène les obstacles à surmonter. À commencer par l'ingrédient de base : la poudre d'amande. Dans les années 1970, on ne la trouvait pas toute prête comme aujourd'hui. Sa mère poussait le perfectionnisme jusqu'à partir du matériau brut, des amandes sèches encore dans leurs coquilles qu'il fallait casser, pour ensuite les émonder, les éponger, et enfin les moudre avec une machine manuelle.

Pour la vivacité de son récit, et parce que cela rejoint des rites de son enfance qui lui sont chers, il se positionne dans l'histoire.

Il est le petit garçon qui aide, goûte, bonheur suprême, et surveille que la fratrie ne liquide pas le stock…

A-t-il raconté le lien très fort qui le lie à sa mère ? Il est celui de ses enfants avec qui elle parle des sujets graves. A-t-il précisé qu'à l'aveugle il reconnaît la « main » de sa mère dans le moindre plat ? A-t-il dit qu'avant les algorithmes il a inventé une méthode de conversion pour, en cuisine, transformer ce qu'il appelle les « unités de mesure subjectives » de sa mère (une poignée de ceci, un peu mais pas trop de cela) en « unités objectives » ?

Il n'a probablement pas dit tout cela dans sa rédaction. À treize ans, on raconte le « goût de sa mère » comme une aventure d'Indiana Jones…

Recette de première main, version 2021 : Daniel a appelé Jeanine, qui la lui a dictée.

Les fruits déguisés

Ingrédients

- Dattes
- Cerneaux de noix
- 1 bol d'amandes en poudre
- 1 bol de sucre en poudre
- 1 sachet de sucre vanillé
- 2 blancs d'œufs
- Rhum

Fendre les dattes et ôter leur noyau.

Mélanger à la main la poudre d'amande, le sucre, le sucre vanillé, les blancs d'œuf et quelques gouttes de rhum.

Si l'on veut colorer la pâte d'amande :
2 ou 3 gouttes de colorant alimentaire diluées dans le rhum ou dans un peu d'eau.

Fourrer les dattes de pâte d'amande.

Pour les noix, rouler la pâte d'amande en petites boules, à la dimension des cerneaux de noix.
Puis disposer 2 cerneaux de noix de part et d'autre de chaque boule en pressant délicatement pour les faire adhérer.

Verser du sucre en poudre dans une assiette, y rouler uniquement la partie pâte d'amande des noix déguisées (pas sur les cerneaux eux-mêmes).

Daniel

Pas de sucre pour les dattes fourrées, elles sont naturellement sucrées.

Jérôme Clément

Silence et samovar

Jérôme Clément a notamment été président d'Arte. Il y a quelques années, il a écrit Plus tard, tu comprendras, *livre fort sur sa mère et sur les non-dits d'une famille. Le souvenir du goût de sa mère le renvoie loin…*

Enfant, il ne comprenait pas pourquoi on parlait russe à la maison, pourquoi les gâteaux chez eux étaient différents, et pourquoi il n'avait pas de grands-parents maternels… Plus tard, il a cherché et il a compris.

Jérôme Clément est né en 1945. Quelques mois auparavant, les parents de sa mère avaient été arrêtés par la milice française, envoyés à Drancy puis à Auschwitz. Dès leur arrivée, ils avaient été orientés vers la mauvaise file, celle qui ne vous laissait même pas quelques jours de vie. Ils sont morts le 1er mai 1944.

Après cela, Rivotchka, sa mère, a fait silence et a voulu que ses deux enfants soient des Français comme les autres, qu'ils se fondent dans la France et qu'ils jouent le jeu de l'excellence républicaine. Leur patronyme, celui de leur père, catholique, rendait cela possible. Et on ne parlait jamais de « ce qui s'était passé ».

De sa vie d'avant, Rivotchka avaient gardé la langue et la cuisine. Ces deux modes de communication qui résistent à tout, même aux mémoires enfouies.

Une fois la porte de la maison fermée, on parlait donc russe et on chantait des berceuses en russe aux enfants. La langue des grands-parents maternels, qui avaient fui les pogroms pour venir à Paris. Ils étaient devenus fourreurs, ils avaient bâti une vie, et de cela il ne restait plus rien.

Rivotchka mangeait aussi des pâtisseries russes et Jérôme se souvient d'un gâteau en particulier, qu'elle partageait avec ses enfants et avec sa tante Tania, la sœur de sa mère. De ce gâteau il ne connaît plus le nom, mais il le décrit comme consistant, avec des épices, de la cannelle, de la confiture, des fruits rouges, des couches successives de pâte, le tout enrobé de sucre. La recette s'est perdue, mais il en a le goût dans la bouche et la nostalgie. Ce gâteau accompagnait le rituel du thé. Jérôme a toujours le samovar familial qui a miraculeusement échappé aux destructions et aux confiscations.

Si par bonheur, à la lecture de ces lignes, le gâteau-sans-nom de son enfance vous évoque quelque chose, faites-nous signe, on transmettra.

Les trois fils d'Élisabeth

Les mots et les choses

Élisabeth a quatre-vingt-quinze ans, trois enfants, quatre petits-enfants, trois arrière-petits-enfants. Ce sont ses fils qui parlent d'elle et de son gâteau de noix, l'un complétant la phrase de l'autre.

L'ÂGE NE CHANGE RIEN à l'affaire. Ses fils, tous présents auprès d'elle, impeccables, trois hommes avec une carte Senior et des postes à responsabilités, et leur mère leur dit encore : « C'est moi qui vous ai faits ! Ce que vous êtes devenus, vous me le devez ! » Ils sourient : « Mais oui, maman, mais oui… »

Qu'a-t-elle fait pour conduire ses enfants sur la voie de ce qu'elle estime être leurs succès ?

Au commencement était le verbe…

Elle leur a appris à lire et à écrire avant même l'école, avant tous les autres enfants. Il faudrait écrire en gras le mot *avant* ! Elle s'appuyait sur le Syllabaire Langlois, une série de merveilleux petits livres qui permettaient d'apprendre les lettres et leur assemblage. Ils devaient à tout prix être les premiers.

Il y a le côté face. Élisabeth, jolie étudiante bretonne, mariée à un étudiant basque, qui a brièvement enseigné le français et le latin et qui ensuite a aimé être une mère au foyer. Les seules bagarres – et cela restera un sport familial – portaient sur le vocabulaire… Ces conflits-là devaient être réglés séance tenante, avec comme arbitre le Grand Robert. Sa joie quand souvent c'était elle qui avait raison !

Les mots, donc, mais aussi les choses de la vie… Car elle pensait, et en cela elle était en avance sur son temps, que ses fils devaient savoir tout faire, y compris ce que l'on n'enseignait pas d'ordinaire aux garçons : couture, tricot, et même tapisserie. Et bien sûr, cuisine. Ses grands classiques : les chipirons à l'encre qui font la bouche toute noire et qui signent les vacances au Pays basque, et le gâteau de noix.

L'Élisabeth des jours souriants voit le chemin parcouru : « Tu te rends compte, moi, la petite fille d'un paysan analphabète… »

Et puis il y a le côté pile, l'Élisabeth des jours sombres. L'âge venant, elle réécrit le film de sa vie en noir, elle enrage de cette vie de mère au foyer, de ses capacités restées inexploitées. Elle avait pourtant repris le travail à la cinquantaine, avec succès, dans un musée. Mais à ses yeux, ce n'était pas assez.

Le nuage noir passe et elle redevient celle que ses enfants préfèrent, la femme espiègle qui écrit des vers de mirliton. La petite sportive d'un mètre cinquante qui, à soixante-quinze ans, faisait encore le cross du Figaro. Celle qui lit les très longs mémorialistes des XVIIe et XVIIIe siècles, parfois bien ennuyeux, et qui n'a pas raté un seul épisode des *Feux de l'amour* pendant vingt ans. La bagarreuse des mots qui vous reprend lorsque vous entrez chez elle en hiver en vous exclamant qu'il fait très froid ; il faut dire : « Il fait grand froid ! » Celle qui peut passer une heure à touiller une crème à la cuillère en bois, méprisant le mixeur, d'ailleurs elle n'en a jamais voulu. Une crème pour le fameux gâteau de noix qui demande un travail de titan, réservé de ce fait aux grandes occasions. Respectable gâteau de famille, à la légende pourtant sulfureuse. Donc beaucoup plus intéressant…

Le gâteau de noix

Déjà, sa légende. Cette recette avait été donnée à une parente médecin par une de ses patientes qui s'était mise à la diffuser. Jusque-là, rien d'extraordinaire. Mais la légende, invérifiable, disait qu'au tout début de la chaîne de transmission, il y avait eu un vol… Une « patronne » avait piqué le chef-d'œuvre de sa cuisinière. La recette était passée de main en main avec ce « Il paraît que… » qui ajoutait du piment. Et c'est ainsi que le gâteau de noix est arrivé sur leur table, portant leurs bougies d'anniversaire…

Ingrédients

- 35 cl de lait
- 4 jaunes d'œufs
- 250 g de cerneaux de noix
- 250 g de beurre mou
- 250 g de sucre en poudre
- Biscuits boudoirs
- Café non sucré
- Chocolat noir

Le gâteau ressemble à une charlotte aux noix. En apparence, seulement…

Il doit être fait la veille.

La crème anglaise

Faire chauffer 25 cl de lait (le lait doit être chaud mais ne doit pas bouillir). Incorporer les jaunes d'œufs un à un en tournant, jusqu'à ce que la préparation épaississe. Ôter du feu. Réserver.

Réduire les noix en poudre, délicatement. Ne pas utiliser de mixeur sinon cela tourne en graisse. Comme Élisabeth, utiliser un moulin à légumes (grille à dents très fines), ou alors une râpe à fromage.

Réduire le beurre en pommade.

Incorporer les noix en poudre dans le beurre avec une cuillère en bois, petit à petit et lentement. Il faut tourner pendant… trois quarts d'heure. (On peut regarder un épisode d'une série télévisée, c'est juste le temps, et c'est même recommandé…) Dans le même temps, on aura ajouté le sucre, petit à petit, là encore. Le bras est endolori, mais cela vaut la peine : on obtient une sorte de mousse très légère.

La crème anglaise étant refroidie, l'ajouter en deux, trois fois à la préparation et, sans se lasser, tourner encore pendant un quart d'heure. (On aura auparavant enchaîné avec l'épisode suivant de la série de son choix.)

L'appareil, comme on dit savamment, est à présent prêt.

Comment décrire la texture ? La définition se fait par défaut : si on en prend avec une cuillère, cela ne coule pas. Ce n'est pas liquide, mais ce n'est pas solide non plus. Cela ressemble plus à une mousse qu'à une crème, tout en ayant une texture différente d'une mousse classique (à base de blancs d'œufs battus en neige).

Le gâteau

Il faut que le gâteau soit cylindrique. Prendre soit une casserole à fond plat de 20 cm de diamètre environ et à bords bien verticaux et hauts (hauteur d'un boudoir), soit un moule à soufflé.

Comme pour une charlotte, tremper les boudoirs rapidement dans du café non sucré. Disposer les boudoirs au fond de la casserole, puis verticalement le long des parois, la face bombée des boudoirs contre les parois.

Verser la préparation. Étêter les boudoirs à la limite de la préparation. Recouvrir la préparation de boudoirs trempés dans du café.

Mettre au réfrigérateur pendant plusieurs heures. Quelques heures avant de le manger, le démouler dans un plat de service.

On aura au préalable préparé le chocolat qui servira au nappage. Casser du chocolat noir dans un bol, le parfumer d'un peu de café, ajouter un peu de lait. Mettre au micro-ondes pour obtenir une crème.

Laisser tiédir le chocolat, le verser sur le gâteau jusqu'à ce qu'il soit entièrement recouvert, et laisser même le chocolat déborder dans le plat. C'est ce qui est bon…

Garnir le gâteau de cerneaux entiers caramélisés.

Le goût de ma mère

Georgette, grand-mère

Ai-je enregistré ce jour-là ? Peut-être. Les cartes mémoires sont dans une enveloppe, elle-même dans un petit sac, lui-même dans une boîte, elle-même dans un tiroir. Je ne les réécouterai probablement jamais, mais je sais que je les ai… C'est à l'âge d'être grand-mère que Georgette, ma mère, a atteint son apogée en cuisine. Et elle a adoré cela, cuisiner et avoir des petits-enfants…

Elle a soixante-quinze ans, elle se fait opérer de la cataracte, c'est en regardant ses petits-enfants qu'elle veut expérimenter sa vue toute neuve. Elle les trouve éclatants, « Que vous êtes beaux, mes chéris », mais même avant le passage en Technicolor, elle les aimait follement et ils le lui ont bien rendu, ils se sont faits du bien mutuellement. Petits, c'est dans sa chambre qu'ils se glissaient, la nuit, tenant leur peluche, quand ils avaient besoin de réconfort.

Ses six petits-enfants sont grands aujourd'hui mais ils n'ont rien oublié, les comptines venues d'un autre temps, les histoires qu'elle inventait, sa manière de couper les tartines dans l'autre sens, comme des mouillettes, son amour pour les livres – elle avait l'air d'un chat qui veille sur son butin, même eux n'avaient pas le droit de toucher à l'ouvrage qu'elle était en train de lire – et sa peur de l'eau. C'est eux qui la tenaient par la main quand, à petits pas, elle s'approchait des vagues… Surtout, ils se souviennent de sa joie d'être avec eux.

C'est pour eux qu'elle a donné sa pleine mesure en cuisine. Elle s'y est intéressée quand sa mère a disparu et cela a coïncidé avec sa venue en France et l'arrivée de ses petits-enfants Elle a embrassé ce rôle immédiatement, il n'y a pas eu besoin de rodage, et une autre page de sa vie s'est ouverte : Georgette, grand-mère. Sans que le rôle précédent, celui de mère, ne soit fort heureusement oublié… Elle a accepté de leur cuisiner des choses redoutables que les enfants aiment : le steak haché écrasé dans la purée formant une masse grisâtre, ou le chili con carne qu'ils mangeaient avec une cuillère en bois, comme des cow-boys. Mais elle a aussi éveillé leur goût, avec toutes sortes de bonnes choses qu'elle faisait quotidiennement, et ils n'ont jamais oublié les petits pains en forme d'oiseaux qu'elle a inventés pour eux.

Elle n'a pas vu la vieillesse venir, elle riait trop avec eux pour s'en rendre compte. Et quand elle a décliné, ses petits-enfants avaient beau être devenus de jeunes adultes, on en a vu qui posaient leur tête sur ses genoux… Elle leur caressait les cheveux, comme avant.

E. B.

La tarte à la confiture de raisins

Parmi les pâtisseries préférées de ses petits-enfants figure cette recette assez peu commune. En effet, on trouve toutes sortes de confitures dans le commerce, sauf de raisin. Il faut donc la faire…

La confiture de raisins de ma mère est acide et onctueuse. Elle a de la matière, car on garde la peau des fruits. Quand on n'en fait pas une tarte, elle se déguste à la petite cuillère, comme une gourmandise rare. Tous les raisins ne conviennent pas pour cette confiture. Elle se fait avec des raisins noirs uniquement, de préférence une variété acide. Le mieux, ce sont les raisins de vigne.

Ma mère était joyeuse et amusée le jour où elle a détaillé sa recette, en présence de deux de ses petits-fils.

« C'est simple, dit-elle toujours, c'est facile. » De même, pour les quantités elle indique : « Tu vois, tu goûtes, tu regardes… » Je vais finir par croire que c'est cela le secret du goût : tu vois.

Ingrédients

- 1 kg de raisins noirs acides
- 250 g de sucre en poudre
- 1 pâte sablée
- Cerneaux de noix concassés

Mettre en même temps dans une marmite : les raisins, le sucre en poudre et un petit peu d'eau (peu, car les raisins vont rendre du jus).

Ne pas mettre tout le sucre au début. Cela va dépendre du degré d'acidité des raisins. Ajouter un peu de sucre en cours de cuisson, si nécessaire.

Commencer à feu fort pour lancer la cuisson et pour laisser le jus des fruits sortir, puis baisser le feu. Laisser confire à feu doux.

Si les raisins sont durs, les piquer avec une aiguille à coudre pour que le jus puisse sortir.

Les pépins vont remonter à la surface au fur et à mesure. Les enlever avec une écumoire. C'est indispensable, sinon c'est immangeable.

Remuer doucement, de temps en temps, à la cuillère en bois. Laisser confire.

On peut éteindre, faire autre chose, et reprendre la confiture plus tard.

À l'arrivée, le sirop doit être assez épais, intimement lié aux raisins.

Faire une pâte sablée.

Enfourner le fond de tarte pour une cuisson à blanc. Veiller à ce qu'il ne soit pas trop cuit.

Étaler une couche de confiture de 1 cm environ. La piquer de petits morceaux de noix.

Découper des lanières de pâte sablée avec une roulette crantée et les déposer sur la tarte en formant des croisillons.

Remettre au four jusqu'à ce que les croisillons soient cuits.
Veiller à ce que les noix ne brûlent pas.
(Il est possible de les griller à sec à la poêle, puis de les glisser dans la confiture 5 min avant de sortir la tarte du four.)

Karine Tuil

Transmission

Karine Tuil est romancière. Une tonalité, un ancrage, le rapport à la famille, plusieurs indices dans son œuvre incitaient à penser que le thème de ce livre ne la laisserait pas indifférente… Cela lui a inspiré ce texte.

JE N'AI PAS SOUVENIR que ma mère m'ait dit « Je t'aime », il y a une sorte de réserve naturelle, de pudeur – les sentiments ne s'expriment pas par la parole mais par le geste et, en particulier, celui de cuisiner pour les objets de son affection.

La cuisine est une affaire de transmission qui se cristallise dans le rituel qu'impose le judaïsme – l'obligation de consommer certains mets lors de fêtes précises dans une obsession de la répétition et une application de la règle –, mais aussi dans l'amour des siens. « Je t'ai préparé ce que tu aimes » revient à dire « Je t'aime ».

La cuisine est simple, aucun ingrédient n'est onéreux, il s'agit d'un moment de convivialité, de ces plats que l'on partage, il y en a toujours assez pour des invités surprises. Ce sont des gestes plein d'une tendresse qui ne dit pas son nom : cette mouillette trempée dans le jaune coulant de l'œuf, ces gâteaux aux amandes et à l'orange – mes madeleines à moi. Cuisiner, c'est faire l'apprentissage de l'humilité et de la modestie : pudeur d'Afrique du Nord.

La table est l'espace de l'affection : ma mère, longtemps secondée par mon père, cuisinant des plats différents pour chacun d'entre nous et même des amis lointains, des voisins, des inconnus. C'était sans doute un vestige de leur adolescence passée dans leur Tunisie natale où le bonheur s'exprimait dans l'intimité des familles, des amitiés indéfectibles, ces repas qui duraient des heures.

Si j'admire ce talent maternel, je ne sais pas si je saurais le répéter. En laisser la primauté à ma mère, c'est rester éternellement sa fille.

Karine Tuil

Les boulous

Les boulous *sont des petits gâteaux traditionnels tunisiens. Ils vous sont proposés aux amandes et à l'orange.*

Ingrédients

- 75 g d'amandes
- 500 g de farine
- 250 g de sucre en poudre
- Zeste d'un ¼ d'orange
- 1 paquet de levure chimique
- ½ verre d'huile
- 2 cuil. à soupe de fleur d'oranger
- 3 œufs
- Sel

Faire griller les amandes dans une poêle, puis les hacher.

Préchauffer le four en position maximale.

Mettre la farine et le sucre dans un récipient, ajouter le zeste d'orange haché, la levure, deux pincées de sel, l'huile et la fleur d'oranger

Incorporer les œufs et malaxer. Pétrir la pâte et ajouter les amandes hachées.

Confectionner de petits gâteaux en forme de doigts.

Enfourner sur une plaque recouverte de papier sulfurisé. Après 3 min, baisser la température du four. Faire cuire 30 min.

Retirer du four, laisser refroidir et servir avec un café ou une citronnade maison.

Pierre-Aristide Rouchon

Les dernières miettes de biscuits

Notre premier contact avec Pierre Rouchon a été épistolaire. Il est devenu juré du prix du Livre Inter en 2020 grâce à sa belle lettre de candidature, dans laquelle il parlait de livres, de biscuits, et de sa mère. Il a repris la plume pour ce texte.

CHAQUE VENDREDI, en fin d'après-midi, je rendais visite à ma mère. Elle m'attendait, l'air de rien, soulignant mon arrivée par un « Ah, tu es là ! » un peu surjoué, comme si je passais par hasard. Elle préparait son plateau, la théière, les deux tasses en porcelaine blanche et une assiette des fameux biscuits aux noisettes un peu durs et croquants de son amie Alice, qu'elle appelait des croquets. Puis nous nous installions dans les fauteuils en vis-à-vis et, passé les questions d'usage à propos des enfants ou de mon travail, elle m'interrogeait sur ma lecture du moment.

Les livres m'ont accompagné toute mon enfance et ma mère, occupée à temps plein dans l'épicerie qu'elle tenait seule, s'agaçait de me voir passer mes journées à lire, en toute saison, au lieu d'aller jouer dehors avec mon frère et les gamins du village.

Au fil des années, elle s'intéressa de plus en plus à mes lectures et comme elle ne trouvait jamais le temps de lire, je pris l'habitude de choisir des extraits pour lui en faire la lecture le soir. J'aimais la voir captivée par le texte, s'enthousiasmer, s'émouvoir ou s'assombrir. Elle ajoutait : « Avec toi, au moins, je lis par procuration. »

Puis, sans le décider vraiment, le rituel de la théière et des biscuits s'est installé.

Avec le temps, j'avais appris à faire plus court pour maintenir sa concentration en éveil, tandis qu'elle trempait le gâteau dans sa tasse pour l'attendrir. Je savais que j'avais capté son attention à ses yeux ronds et sa manière de s'exclamer : « Oh ! », ou bien « Ah bon ? », ou encore « Alors ça, si je m'attendais ! ». Avant de se quitter, elle me demandait de lui laisser les livres jusqu'à ma prochaine visite.

Quelque temps après sa mort, je découvris une série de calepins dans le tiroir de sa table de nuit et constatai, non sans émotion, qu'il s'agissait de carnets de lecture où elle avait consigné méthodiquement la liste des livres dont nous avions parlé depuis des années. Je reconnus immédiatement son écriture fine, toute en majuscules élégantes et minuscules parfaitement calibrées. Elle avait indiqué le titre de l'ouvrage, le nom de l'auteur et le numéro de la page de l'extrait retenu, accompagnés parfois de remarques personnelles.

Je tombai sur un extrait de Jean Echenoz, suivi de son commentaire : « Je ne comprends pas toujours ce qu'il veut dire cet écrivain, mais je crois que c'est celui que Pierre préfère. »

Dans un autre carnet, ce passage relevé chez Jean-Paul Dubois : « Je pensais à tous ces trésors de l'esprit, ces savoirs accumulés, cette expérience, cet usage du monde, cette mémoire du temps et des saisons, cette connaissance d'une langue étrangère, des fièvres de la joie et du poids de la peine, je pensais à tout ce patrimoine précieux à jamais muré et enseveli dans la tête des morts. »

Elle avait ajouté cette annotation : « Nous avons beaucoup parlé avec Pierre de ce passage du livre parce que cette question me tarabuste : quand je ne serai plus là, que restera-t-il de notre vie passée, que garderez-vous de vos parents ? Pierre me dit que cet héritage a fait de lui ce qu'il est aujourd'hui, que ce trésor représente bien plus que la mitraille. »

Il m'arrive, lorsque mon humeur s'y prête, de m'installer avec une tasse de thé, une assiette de biscuits et deux ou trois carnets de ma mère. Je revois sa posture, dos courbé dans son fauteuil, ses deux pouces qu'elle faisait tourner en petit manège, l'un contre l'autre, mains croisées. Elle est là, assise en face de moi, attentive à ma lecture avec son sourire complice et j'attends qu'elle picore les dernières miettes de biscuits avec son doigt, pour remettre les livrets à leur place.

Pierre-Aristide Rouchon

Les croquets

Ingrédients

- 3 œufs + 1 œuf battu pour la dorure
- 1 verre de noisette ou d'amandes pilées grossièrement (il faut que ça croque sous la dent !)
- 1 verre de sucre en poudre
- 1 sachet de levure

Préchauffer le four à 180 °C (th. 6).

Battre les œufs en omelette.

Ajouter tous les autres ingrédients et confectionner une pâte.

L'étaler sur un plan de travail fariné sur environ 1 cm d'épaisseur. Fariner largement si la pâte est trop collante.

Dorer la pâte au jaune d'œuf.

La disposer sur une plaque de cuisson recouverte de papier sulfurisé et enfourner pour 30-40 min, selon le degré de croquant souhaité.

Une fois la pâte cuite, la sortir et la découper immédiatement en bandes à recouper en morceaux pour former les biscuits.

Laisser refroidir plusieurs heures avant de les ranger dans une boîte en métal.

Iegor Gran

Les héroïnes ne font pas la cuisine

Dans son ouvrage Les Services compétents*, Iegor Gran parvient à mettre de l'humour dans le récit de l'arrestation et de la déportation au goulag de son père. On y découvre aussi la témérité de sa mère Maria qui tient tête au KGB. Mais quel peut être le goût de la cuisine d'une telle mère ? Iegor garde le sourire quand il raconte.*

QUAND MON PÈRE, le dissident Andreï Siniavski, a été envoyé au goulag, ma mère s'est retrouvée sans ressources, et sa débrouillardise s'est épanouie… Elle a créé un atelier de bijoux, tout à fait illégal, dans notre appartement. Elle prétendait que même en cas de guerre atomique, les femmes continueraient de vouloir des bijoux. Elle les fabriquait avec de vieilles pièces en argent de l'époque tsariste qu'elle fondait, puis les vendait sous le manteau aux épouses de membres du Parti, qui savaient très bien à qui elles les achetaient… Et dans le même temps, elle continuait à se battre pour son mari.

Les combattantes ont autre chose à faire que la cuisine !

En fait, je mangeais surtout les repas préparés par nos proches chez qui je vivais une partie du temps, car il fallait que ma mère puisse organiser notre vie, tout en se bagarrant… Je me souviens d'une amie de la famille m'apprenant à lire à trois ans, d'autres qui m'invitaient pendant l'été. Alors que nous étions pris dans une broyeuse – ce régime voulait nous broyer –, il s'est trouvé des gens exceptionnels pour nous aider.

Quand on est enfant, on n'a pas de point de comparaison avec une famille dite « normale », on accepte ce qui advient. On peut pleurer pour des choses dérisoires, et ne pas remarquer des choses importantes. La barrière de l'enfance est aussi une protection…

Et puis, un jour, s'est présenté chez nous un monsieur barbu à la coupe de cheveux étrange, la coupe « goulag », qui souriait tout le temps en me regardant. J'avais six ans et demi. C'était mon père, qui venait d'être libéré. Je lui ai montré mes jouets, et aussi un petit cahier dans lequel j'étais en train d'écrire une histoire de pirates. Ça l'a intéressé plus que les jouets… Il m'a lu les chefs-d'œuvre de la littérature enfantine et, avec lui, un monde merveilleux s'est ouvert à moi, celui des livres…

Mais toujours pas celui de la cuisine… Lui aussi se fichait de ce qu'il y avait dans mon assiette.

Au moment où mes parents ont enfin pu quitter l'URSS, ma mère a eu l'audace folle de tenir tête au chef du KGB, à Andropov en personne. Elle voulait partir avec ses meubles, ce qui n'était absolument pas autorisé. Elle disait qu'elle ne voulait même pas laisser une serpillière à ce régime !

Quelques mois plus tard, un conteneur arrivait devant le pavillon de banlieue parisienne dans lequel ma mère Maria, quatre-vingt-onze ans, vit toujours. Au milieu de ses meubles…

Après l'URSS et ses magasins d'État dans lesquels il n'y avait rien à vendre, le paradis des supermarchés français et de leurs plats tout préparés s'ouvrait à nous. Le goût de ma mère, c'était celui des Knacki et des Mon Chéri, les petits chocolats avec la cerise à l'intérieur, mon dessert préféré… sans oublier les mousses au chocolat en libre-service chez Félix Potin.

Notre maison était toujours remplie d'amis qui parlaient russe, qui m'embrassaient ; mes parents ne ressemblaient vraiment pas à ceux des autres enfants de l'école… Pauvres enfants !

La forêt noire du chef David Bizet

Malgré une enfance de Knacki et de Mon Chéri, Iegor Gran a gardé le souvenir d'une forêt noire dégustée chez la traductrice de son père. Nous avons demandé à David Bizet, chef exécutif de l'hôtel The Peninsula Paris, *de nous confier sa recette.*

Ingrédients

- 3 œufs
- 125 g de sucre
- 15 g de cacao en poudre
- 65 g de farine
- 10 g de fécule de pomme de terre
- 40 g de chocolat blanc
- 1,5 g de gélatine
- 194 g de crème liquide 35 %
- 1 gousse de vanille de Madagascar
- 50 g de kirsch (soit 5 cl)
- Quelques griottes
- Sucre glace et copeaux de chocolat noir pour la décoration

La génoise au cacao

Fouetter 75 g de sucre et les œufs sur un bain-marie jusqu'à ce que le mélange soit bien blanc et mousseux.

Incorporer petit à petit avec un tamis le cacao en poudre, la farine et la fécule de pomme de terre.

Verser le mélange dans un cercle de cuisson de 18 cm de diamètre préalablement beurré et fariné, ou encore mieux, entouré de papier sulfurisé.

Cuire à 180 °C durant 10 à 15 min jusqu'à coloration.

Enlever le cercle et laisser refroidir avant de couper ce biscuit en trois disques réguliers à l'aide d'un couteau-scie.

La ganache à la vanille

Faire fondre le chocolat blanc, imbiber d'eau et essorer la gélatine. Mélanger le tout.

Faire chauffer la moitié de la crème et ajouter la vanille grattée. Laisser l'infusion se faire pendant au moins 10 min puis verser à l'aide d'un chinois dans le mélange de chocolat blanc et de gélatine.

Battre énergiquement afin d'obtenir une belle ganache lisse et brillante. Ajouter enfin la seconde moitié de crème froide et laisser reposer au moins 12 h.

L'imbibage des biscuits Faire bouillir l'eau avec 50 g de sucre, puis hors du feu verser l'alcool. Imbiber à l'aide d'un pinceau les disques de biscuit avec ce sirop froid, sur les deux faces.

Le montage

Répartir sur chaque disque de biscuit imbibé la ganache montée à la vanille et disposer quelques griottes sur chaque étage de crème.

Superposer les disques pour obtenir un gâteau à trois étages.

Recouvrir de jolis copeaux de chocolat noir et de sucre glace.

Valérie Zenatti

Manger comme on écrit

Valérie Zenatti est romancière et traductrice du grand écrivain israélien Aharon Appelfeld, qui a survécu à la destruction des juifs d'Europe et dont le dernier roman publié en France, Mon père et ma mère, *évoque l'été 1938 et s'achève sur une promesse maternelle : « La guerre est encore loin [...]. Je vais vous préparer un repas dont vous vous souviendrez tous très longtemps. » Elle nous a offert ce texte.*

LA SCÈNE SE PASSE un soir de juin 2011, dans un restaurant de Toulouse. Quelques heures auparavant, Daniel Mesguich a lu des extraits d'*Histoire d'une vie*, et Anouk Aimée des passages du *Garçon qui voulait dormir*. À présent, c'est l'heure de dîner. Je suis assise à la droite d'Aharon Appelfeld et m'évertue à lui traduire le menu. Il ironise malicieusement sur la formulation alambiquée des plats. Son regard s'éclaire lorsque je parviens aux desserts et prononce les mots *riz au lait*. Son choix est vite tranché. Un potage, un riz au lait, *parce qu'il faut manger comme l'on écrit, avec simplicité.*

Cette simplicité de la nourriture qui réjouit sans gaver, Aharon Appelfeld la tient de sa mère, assassinée au début des années 1940 par un soldat allemand près de Czernowitz, située alors en Roumanie. Aharon s'appelait Erwin et avait huit ans. Toute son œuvre est une quête pour faire surgir les traces vivantes d'un monde englouti, et dans les fils des motifs qui la tissent on retrouve, de livre en livre, la nature, la lumière, la musique, les mots qui ne peuvent franchir une gorge serrée, et des épiphanies discrètes mais profondes liées à des repas.

Les sandwiches au fromage et aux crudités préparés par la mère avant-guerre dans *Mon père et ma mère* reviennent après-guerre, sur les routes peuplées de rescapés n'ayant nulle part où aller, dans *Des jours d'une stupéfiante clarté*. Des femmes aux cheveux blanchis avant l'heure utilisent les vivres distribuées par l'Armée rouge pour confectionner des sandwiches qu'elles tendent gratuitement aux survivants hagards, et le goût retrouvé de ce qui a été perdu dessine un monde intérieur déchiffrable par les sens, tel ce riz au lait, qui, à des milliers de kilomètres de Czernowitz et plus de soixante-dix ans après le désastre, déploie dans la bouche du petit garçon devenu écrivain des mots qui racontent une mère attentive à son enfant, préparant un chocolat chaud et un riz au lait à son retour de l'école, et s'asseyant près de lui pour contempler la chute des flocons de neige derrière de grandes doubles fenêtres ourlées de givre.

Valérie Zenatti

Le riz au lait
du chef Christian Constant

Christian Constant signait la carte du restaurant Le Bibent *à Toulouse, quand Aharon Appelfeld y a dégusté un riz au lait. Le chef a eu la gentillesse de nous confier sa recette.*

Ingrédients pour 4 pers.

Pour la crème anglaise

- 15 cl de lait
- 1 gousse de vanille
- 2 jaunes d'œufs
- 25 g de sucre semoule

Pour la cuisson du riz

- 50 cl de lait
- 75 g de sucre semoule
- 125 g de riz rond
- 8 cl de crème fleurette

La crème anglaise

Porter le lait à ébullition avec la gousse de vanille fendue en deux et grattée de ses graines. Retirer du feu, couvrir, laisser infuser.

Dans un saladier, fouetter les jaunes d'œufs avec le sucre jusqu'à ce que le mélange blanchisse. Retirer la gousse de vanille du lait et verser celui-ci sur le mélange œufs-sucre en fouettant.

Transvaser le tout dans une casserole et faire cuire tout doucement en remuant avec une spatule, jusqu'à épaississement, sans laisser bouillir. Lorsque la préparation nappe la spatule, retirer aussitôt la casserole du feu et verser la crème dans un saladier bien froid.
Réserver au frais.

Le riz

Faire chauffer le lait avec 25 g de sucre.
Ajouter le riz et porter à ébullition.
Baisser le feu et ajouter encore 25 g de sucre.
Faire cuire 30 min, laisser refroidir.

Fouetter la crème fleurette avec le reste du sucre jusqu'à ce que le mélange soit ferme. L'incorporer délicatement à la crème anglaise froide.
Mélanger cette préparation avec le riz cuit.

Verser le riz au lait dans un saladier ou le répartir dans des ramequins et réserver au frais.

Cristian Mungiu

Petites pommes vertes

Cristian Mungiu est à ce jour le seul metteur en scène roumain à avoir remporté une Palme d'or à Cannes, c'était pour 4 mois, 3 semaines, 2 jours. *Bien que son cinéma soit critique, implacable parfois, il demeure profondément humain. C'est cela qui m'a donné envie d'en savoir plus… Né sous le régime de Ceaușescu, il a connu, malgré cela, une enfance aimée, éclairée par une mère lumineuse. Cela lui a inspiré ce texte.*

MAMAN EST VENUE AU MONDE durant la guerre. Elle a eu la plus belle date de naissance possible : le 1er mars, lorsque le printemps se réveille, que les feuilles des arbres réapparaissent et que les fleurs bourgeonnent dans les jardins. Quand elle est née, son père était officier et sa famille se trouvait au front, quelque part en Transnistrie. Ils n'avaient ni landau, ni lit d'enfant, ni couffin pour elle, alors ils l'emmenaient avec eux dans une cagette en bois. C'est seulement après avoir atteint une ville qu'ils ont pu la déclarer auprès des autorités roumaines ; tant et si bien que sa date de naissance, à l'état civil, n'était pas la vraie. Une petite approximation, une petite injustice – parmi les nombreuses que maman a dû traverser dans sa vie.

Bien plus tard, lorsqu'elle était professeur, pour chaque 1er mars, elle revenait à la maison suivie par deux élèves qui l'aidaient à porter la multitude de bouquets qu'elle avait reçus ; des jonquilles, des œillets, des roses, des jacinthes, des freesias, des lys. Les bras chargés de fleurs. Elle en remplissait la baignoire.

Elle en mettait dans toutes les pièces, en donnait à grand-mère, puis les répartissait ensuite entre les voisins.

Nous vivions dans une grande maison, partageant la même cour que ses parents. Maman était en feu, toujours pressée. Quand elle rentrait de l'école après le déjeuner, elle passait d'abord chez grand-mère et mangeait debout, directement dans la casserole ou la poêle. Elle se mettait ensuite au travail sans attendre : elle rangeait, lavait, repassait, préparait nos repas. Papa amenait l'argent à la maison, faisait les courses, mais pour le reste des tâches il considérait que c'était à maman de s'en charger : elle s'occupait de nous, les enfants, ainsi que des factures, des réparations dans la maison, du jardin. C'est elle aussi qui gérait la basse-cour, plumait les poulets, négociait avec les travailleurs, etc.

Elle ne s'est jamais entendue avec sa belle-mère. « Baba », comme nous l'appelions, voulait toujours lui apprendre comment s'y prendre. Seulement maman, on ne pouvait pas la forcer à faire autre chose que ce qu'elle avait décidé. Elle inventait, elle improvisait, elle changeait, elle était libre et voulait le rester. Quand il lui arrivait de cuisiner quelque chose de très bon et que nous lui demandions de refaire la recette, la fois suivante elle ne s'en souvenait plus exactement. Et de toute façon, elle était curieuse d'essayer autrement. Parfois nous lui parlions d'une envie, sans trop savoir quoi, elle hochait la tête et revenait en un éclair avec des crêpes à la confiture, des chaussons aux cerises, un gâteau aux pommes, une crème brûlée ou une tarte aux abricots.

Rien n'était compliqué pour elle et elle allait extraordinairement vite. Le jour des frites, au beau milieu du repas, maman arrivait toujours à la conclusion qu'il aurait été bien d'en avoir plus ; alors elle se levait, démarrait le feu, nettoyait et coupait de nouvelles pommes de terre. Le deuxième service était prêt avant même que nous ayons terminé le premier.

La plus importante décision de notre vie, maman l'a prise lorsque j'avais quatre ans. Papa, boursier en recherche médicale, avait reçu une offre d'emploi inattendue en Amérique. Elle avait eu l'autorisation de le visiter, mais nous, les enfants, nous devions rester en Roumanie. Elle n'a pas réfléchi très longtemps ; elle savait que si elle restait là-bas cela signifiait qu'elle ne nous verrait plus pendant plusieurs années, le temps que les autorités, soucieuses de punir les adultes de s'être échappés du camp socialiste, se décident à laisser les enfants rejoindre leurs parents. Il a semblé à ma mère que nous pourrions quand même avoir une belle vie en restant à la maison, et ce fut le cas.

Grâce à elle, nous avons traversé les années 1980 relativement facilement, alors que les aliments étaient rationnés et qu'il n'y avait plus rien à manger. Nous n'avions pas le droit d'aller dans les pays de l'Ouest, alors nous passions nos vacances uniquement en Roumanie, à bord de notre Dacia 1 300 verte. Maman réussissait à y entasser tout ce qu'il nous fallait pour survivre deux semaines, dans un pays où les magasins étaient vides ; on emportait avec nous un réchaud et deux recharges de gaz, des bols, des casseroles, de la vaisselle, des couverts, une glacière, une table et des chaises pliantes et tous les aliments possibles. Tout ça en plus des jerricans d'essence économisés (ça non plus, on n'en trouvait pas), nos bagages, des coussins et du linge de maison. Nous dormions aussi bien dans les campings que dans la voiture. On s'arrêtait au bord d'une rivière, papa mettait le vin au frais dans le courant pendant que nous, les enfants, montions la tente. Avant même que l'installation soit terminée, maman nous attendait déjà, la table prête ; en général des pommes de terre, des pilons de poulet et de l'ail revenu à la casserole, que nous adorions.

Un jour, peu avant Pâques, papa reçut une chèvre en cadeau. Il n'y avait presque pas de nourriture à cette époque, et encore moins d'agneau (traditionnellement mangé pour l'occasion), de sorte que la chèvre s'avérait précieuse. Cependant, l'homme qui nous l'avait offerte l'avait apportée vivante, en gage de sa fraîcheur. Quand je l'ai vue, j'ai supplié maman de se débrouiller comme elle savait le faire et de discuter avec papa pour que l'on ne la tue pas. Maman était d'accord et a fait le nécessaire. Elle nous a cependant demandé d'en prendre soin si nous voulions la garder comme animal de compagnie. Ainsi, chaque jour, quand nous revenions de l'école, nous la faisions brouter dans la cour ou bien sur le chemin, jusqu'au jour où, un été, c'est encore maman qui lui a trouvé une famille pour terminer ses vieux jours.

Maman riait de moi parce que j'étais sérieux et prudent alors qu'elle restait jeune et audacieuse. Au printemps, nous aimions tous les deux écraser les petites pommes vertes pas encore mûres qui tombaient des grands arbres devant la maison, sur le pavage de brique fait par grand-père.

Avec le temps, maman a commencé à vivre de plus en plus pour nous : son plaisir était devenu celui de nous faire plaisir. Pour mon anniversaire en avril, je pouvais avoir envie de n'importe quoi, je me promenais alors dans notre quartier ou dans la forêt, je cueillais des bouquets de fleurs d'acacia et maman en faisait des crêpes – pour célébrer le printemps et la joie d'être encore en vie, ensemble.

Cristian Mungiu

Les crêpes aux fleurs d'acacia

Ingrédients

- Fleurs d'acacia séchées
- Farine
- Lait
- Œufs
- Huile de tournesol
- Sel

On choisit des fleurs d'acacia bien ouvertes, on les coupe soigneusement avec une paire de ciseaux pour qu'elles ne s'abîment pas, on les lave légèrement à l'eau froide dans un bol pour enlever la poussière et pour éviter de faire tomber les fleurs, puis on les met à sécher sur une serviette.

Maman faisait une pâte à crêpes comme cela : on verse deux verres de farine blanche dans un récipient, puis on ajoute petit à petit le lait, pour éviter les grumeaux, jusqu'à obtenir une pâte blanche, un peu comme une crème épaisse. Quand il n'y avait pas beaucoup de lait, elle l'allongeait avec de l'eau et c'était tout aussi bon. On ajoute une pincée de sel. On bat ensuite un ou deux œufs et on les incorpore à la farine.

Puis on fait chauffer de l'huile de tournesol dans une poêle jusqu'à ce qu'elle forme une fine pellicule. Lorsque l'huile est chaude, on ajoute les fleurs d'acacia dans la composition

et on la verse ensuite dans la poêle.
On la retourne après quelques minutes.
Lorsque la crêpe est dorée, on la pose sur
une serviette en papier pour absorber l'huile.

Les fleurs étaient sucrées et nous mangions
les premières crêpes comme ça, nature,
puis nous mettions du sucre glace
ou de la confiture de cerises sur les suivantes.

Le goût de ma mère

Le thé chez Georgette

La conversation se poursuit. Les années passent, ma mère faiblit, mais il y a toujours son sourire, sa douceur, son mystère, et il n'y a plus que cela qui compte. Les gâteaux sont devenus un élément clé de notre vie.

La première chose que nous avons apprise aux auxiliaires de vie de ma mère a été le rite du thé à la menthe. Il fallait aussi, c'était très important, veiller à avoir toujours des petits gâteaux à la maison pour les éventuels visiteurs. Tradition héritée de l'hospitalité marocaine, dès que quelqu'un arrive, le thé et les gâteaux surgissent sur la table comme par génération spontanée.

Toute sa vie ma mère a confectionné galettes sucrées, galettes salées, meringues, *ghribas* aux noix… ce qu'elle appelait « les petits gâteaux de famille ». Puis un jour, elle avait cessé d'en faire, et cela avait voulu dire qu'une étape avait été franchie, et pas dans le bon sens.

Ma mère a eu de la chance dans sa malchance, si on peut qualifier ainsi le vieillissement et ses dommages intrinsèques. Elle, si autonome, quand elle l'a été moins, a pu rester chez elle avec un pack de proches qui venaient la voir toutes les semaines, laissez-moi les nommer : Rachel, Vonette, Régine, Maria, Marie-Louise, et deux auxiliaires de vie formidables, sans qui rien n'aurait été possible : Marguerite et Honorine. Ces deux femmes, avec qui nous avons tout partagé pendant quatre ans, ont adoré la cérémonie du thé dont elles étaient à la fois les organisatrices et les invitées permanentes. Nous avons écumé les pâtisseries du quartier et mené des tests comparatifs de leurs cakes, croquants, petits fours et madeleines.

C'était joyeux chez ma mère, pas tout le temps, ce serait mentir, mais dans ces moments-là, souvent. Parce que ma mère retrouvait alors tout son charme. Parce que je n'ai jamais autant pris le thé de ma vie. Parce que prendre le thé, c'est la dignité sauvegardée. Ses visiteurs ne venaient pas seulement voir une proche affaiblie, ils venaient prendre le thé chez Georgette dans les règles de l'art, et cela changeait tout.

E. B.

Les petits gâteaux de famille

Voici certaines des recettes de ma mère, pour un thé digne de ce nom. À la question que vous pourriez vous poser : pourquoi le verre à thé comme unité de mesure ? La réponse de ma mère aurait été frappée au coin de la logique... Ce sont les recettes de sa mère : « Le verre à thé était une unité de mesure compréhensible par tous, car tout le monde buvait du thé à la menthe. » Cela équivaut à un petit verre à moutarde.

Les petites galettes sucrées

Ingrédients

- 2 œufs
- 1 verre à thé bien plein de sucre en poudre (soit 125 g)
- 1 verre à thé d'huile neutre (soit 10 cl)
- 1 verre à thé d'eau chaude (soit 10 cl)
- 500 g de farine
- 2 sachets de levure chimique
- 1 cuil. à café de graines d'anis
- 1 cuil. à café bien pleine de graines de sésame

Préchauffer le four à 180 °C (th. 6).

Dans un grand saladier, battre les œufs, le sucre et l'huile.

Ajouter l'eau chaude et travailler.

Dans un autre saladier, mélanger la farine et la levure.

Ajouter très progressivement les poudres au premier mélange jusqu'à obtenir une pâte ferme.

Incorporer à la pâte les graines d'anis et de sésame (ces dernières sont à légèrement torréfier à sec dans une poêle).

Fariner le plan de travail et étaler la pâte au rouleau à pâtisserie (environ 3 mm d'épaisseur).

Avec un emporte-pièce cranté de 8 cm de diamètre, découper la pâte.

Réaliser des « jours » sur le dessus du disque : pincer la pâte avec les ongles du pouce et de l'index et effectuer une légère rotation. Faire un cercle de six « jours » à quelques millimètres du bord, plus un au centre. Les pinçons et petits trous ainsi formés éviteront que la pâte lève et cela créera un joli dessin.

Placer les disques sur une plaque et enfourner. Sortir quand c'est doré.

Laisser refroidir à température ambiante pendant plusieurs heures avant de les conserver dans une boîte en métal (cela évitera qu'ils ramollissent).

Les biscuits longs au sucre cristallisé

La recette est proposée pour réaliser deux fournées d'une cinquantaine de biscuits au total.

Ingrédients
- 350 g de farine
- 100 g de sucre en poudre
- 4 œufs
- 1 sachet de levure chimique
- Maïzena
- 1 verre à thé d'huile neutre (soit 10 cl)
- Sucre cristallisé pour la décoration

Préchauffer le four à 180 °C (th. 6).

Mélanger le sucre en poudre, les œufs et l'huile avec un fouet ou un batteur.

Ajouter la farine mélangée à la levure et un peu de maïzena jusqu'à obtenir une pâte « malléable ». Ne pas trop travailler la pâte, elle doit rester légère.

Étaler la pâte au rouleau à pâtisserie (environ 3 mm d'épaisseur).

Avec une roulette crantée, découper des bandes de 2 cm de large, puis recouper des biscuits de 8 cm de long.

Tremper une des faces dans du sucre cristallisé.

Si besoin, humecter très légèrement la pâte avec un peu d'eau pour que le sucre adhère.

Placer les biscuits sur une plaque et enfourner. Sortir quand c'est doré.

Laisser refroidir à température ambiante avant de les conserver dans une boîte en métal, cela évitera qu'ils se ramollissent.

Remerciements

Ce n'est pas une formalité ou un devoir, c'est une chance d'avoir beaucoup de personnes à remercier, car cela veut dire que l'on a vous a donné beaucoup...

J'ai été stupéfaite par la chaleur, la générosité, la bienveillance que m'ont manifestées tous ces fils et filles qui s'expriment dans ce livre. Ils m'ont fait confiance, et mon désir premier a été de ne pas les trahir, fût-ce avec les meilleures intentions.

« Ce livre n'aurait pas existé sans... », il faut prendre l'expression au pied de la lettre.

Ce livre n'aurait pas existé sans Sylvie Delassus. J'ai commencé ce projet il y a dix ans, le sujet était trop intime, trop à fleur de peau ; de la première version du livre, il n'y avait eu qu'un exemplaire, pour ma mère, jamais je n'aurais contacté un éditeur. Avec Sylvie, nous nous sommes rencontrées amicalement, il se trouve qu'elle était éditrice et, doucement, elle a rendu ce livre possible, puis viable, puis vivant... Et à ses côtés, il y a eu Hélène Vaultier.

Ce livre n'aurait pas existé sous cette forme qui m'est chère, une coédition avec France Inter, ma maison, si Laurence Bloch, qui en est la directrice, n'avait adhéré tout de suite avec un engagement bienveillant à ce drôle de projet, loin de mes terres professionnelles, d'une vieille petite fille sentimentale.

Beaucoup de gens m'ont aidée de mille et une manières. Il est arrivé que certains, parmi ceux qui interviennent dans ce livre, aient en mémoire le goût de leur mère sans le savoir-faire qui l'accompagne. Le premier que je souhaite remercier est François-Régis Gaudry, qui m'a généreusement aidée à trouver les recettes qui ressemblaient à leurs souvenirs ; il en va de même pour Élisabeth Scotto et Suzy Palatin ; et aussi les chefs David Bizet, Christian Constant et Guy Krenzer, qui m'ont tous gracieusement offert leurs recettes. Merci également à Andrée Maalouf et Catherine Constant. Pour leur entremise, à Coline Le Houezec, Marion Asal, Mélanie Guyon et Valentine Dubois. Et à Léa Le Dimna pour sa traduction du japonais.

Parmi mes amis, Fabienne Servan-Schreiber, Laure Adler, Michèle Ifrah, Ariane Bois, Matilde Incerti, Alexis Delage-Toriel, Hassan Guerrar... Ils m'ont aidée, chacun à sa manière, chacun saura pourquoi.

Mes neveux, Guy et Alix Abehssera, ils ont été là, avec moi, à la genèse de ce livre.

Je pense fortement à Jacques Toledano, l'ami d'une vie, à ses chaleureuses tables de fêtes. Il n'est plus là, mais il a vu naître ce projet et il l'a aimé.

Mes très proches qui m'accompagnent dans la vie, et qui l'ont fait pour ce livre aussi – et si vous avez lu entre les lignes, vous pouvez imaginer que ce n'était pas une mince affaire... Nina Koubi,

Geneviève de Montgolfier, Muriel Attal, Danielle Messager, Pascale Clark, Caroline Benarrosh, Véronique Saint-Geours, Marie-Louise Talafré.

Marie-Louise que nous retrouvons dans un autre groupe, essentiel, le pack qui, après les bonnes années, a cheminé avec ma mère dans les moins bonnes. Et à côté d'elle, Rachel Benchimol, Vonette Saint-Geours, Régine Benarrosh, Maria Diaz. Des pensées aussi pour ses deux auxiliaires de vie, Marguerite Membou et Honorine Jouaudin.

Et puis il y a mes essentiels, mon mari, Frédéric, mes enfants, Jean, Édouard et François Saint-Geours. En plus de l'affection qu'ils m'ont donnée tout au long de la décennie qu'a duré la gestation de ce livre, ils ont été des soutiens « couteau suisse », j'ai pu recourir à toutes leurs compétences : hotline informatique, coffre-fort de manuscrits, traducteurs d'anglais, correcteurs, imprimeurs, testeurs de recettes…

Table des matières

Les recettes

Le goût de votre mère...

Le goût de votre mère…

Le goût de votre mère…

Le goût de votre mère…

Dans la même collection

30 histoires insolites qui ont fait la médecine, Jean-Noël Fabiani
À la folie, Clémentine Célarié
Affaires de famille, Agnès Naudin
Aliénor, l'insoumise, Isaure de Saint Pierre
Augustin, Alexandre Duyck
Avec vue sur la mer, Didier Decoin
Aya, Marie-Virginie Dru
Blanquette, Laure Buisson
Bon à rien, Natalie David-Weill
Cabale pyramidion, Samuel Delage
Ces nazis qui ont échappé à la corde, Jean-Paul Picaper
Code Salamandre, Samuel Delage
Dans la tête de Donald Trump, Anne Toulouse
Dans son cœur sommeille la vengeance, Sonia Mabrouk
Déjeuner en paix, Charlotte Gabris
Deux femmes dans la tourmente, Teresa Messineo
Donne-moi des fils ou je meurs, Maud Jan-Ailleret
Envole-moi, Sarah Barukh
Et puis au pire on s'aimera, Thierry Cohen
Et vous, vous y croyez ?, Hubert Prolongeau
Gump & Cie, Winston Groom
Harry et Franz, Alexandre Najjar
Histoires extraordinaires de la Résistance française 1940-1945, Dominique Lormier
Histoires extraordinaires de la Seconde Guerre mondiale, Dominique Lormier
Impasse Verlaine, Dalie Farah
J'ai décidé de vivre, David Milliat, Christophe Henning
Je suis né à 17 ans…, Thierry Beccaro
Je suis née à Bergen-Belsen, Yvonne Salamon avec Frédérique Agnès

Dans la même collection

Johnny, le guerrier, Gilles Lhote
Juliette de Saint-Tropez, Valentin Spitz
KGB-DGSE. Deux espions face à face, Sergueï Jirnov et François Waroux
L'Arbre des oublis, Corine Valade
L'écriture du monde, François Taillandier
L'homme qui fuyait le Nobel, Patrick Tudoret
L'odeur de l'herbe après la pluie, Patrick Jacquemin
La croix et le croissant, François Taillandier
La Fille du delta, Frédérick d'Onaglia
La mangeuse de guêpes, Anita Nair
La petite bibliothèque du bonheur, Felicity Hayes-McCoy
La petite fille du phare, Christophe Ferré
La sœur du Roi, Alexandra de Broca
La Vengeance du loup, Patrick Poivre d'Arvor
La vie sauvage des femmes, Bénédicte Brézillon
Lâcher prise, Benoît Aymonier
Le Club très privé des nageuses à marée haute, Katie May
Le Faux Pas, Frédérick d'Onaglia
Le Pacte interdit, Henri Bellotto
Le Parrain et le Rabbin, Sam Bernett
Le Pays d'où l'on ne revient jamais, Julien Thèves
Le petit café du bonheur, Felicity Hayes-McCoy
Le petit jardin du bonheur, Felicity Hayes-McCoy
Le peuple des abattoirs, Olivia Mokiejewski
Le premier qui tombera, Salomé Berlemont-Gilles
Le Soleil rouge du tsar, Violette Cabesos
Le Squale, Francine Kreiss
Le Tableau, Laurence Venturi
Les 100 000 collabos, Dominique Lormier

Dans la même collection

Les chats, comment ils prennent soin de notre santé !, Anne-Claire Gagnon

Les Déviantes, Capucine Delattre

Les Grandes Affaires de la Libération, Dominique Lormier

Les infirmières de Notre-Dame, * *Flavie,* Marylène Pion

Les infirmières de Notre-Dame, ** *Simone,* Marylène Pion

Les infirmières de Notre-Dame, *** *Évelina,* Marylène Pion

Les infirmières de Notre-Dame, **** *Les* Nursing Sisters, Marylène Pion

Les jeunes femmes de 50 ans, Mylène Desclaux

Les femmes du Général, Gérard Bardy

Les sandales blanches, Malika Bellaribi

Les Semeurs de bonheur, Cécile Pardi

Madame S, Sylvie Lausberg

Mademoiselle dite Coco, Madeleine Mansiet-Berthaud

Mai-juin 1940 : les causes de la défaite, Dominique Lormier

Merci maîtresse !, Anouk F.

Mes Jardins de Paris, Alain Baraton

Molière, chef de troupe, Francis Perrin

Mon cœur restera de glace, Éric Cherrière

Mon étrange sœur, Marie Le Gall

Mortelle tentation, Christophe Ferré

N'abandonnez jamais, ne renoncez à rien, Francis Huster

Nos baisers sous la neige, Karen Swan

Nos vies insoupçonnées, Anaïs Jeanneret

Nouvelles histoires extraordinaires de la Résistance, Dominique Lormier

On n'efface pas les souvenirs, Sophie Renouard

On s'aimera, Clémentine Célarié

Pourquoi je t'aime, Francis Huster

Poutine, Frédéric Pons

Dans la même collection

Quand Maman plantait des brosses à dents, Christelle Bardet

Quelle histoire !, Michèle Cotta

Requiem pour un chat, Olivier Bellamy

Rien n'est écrit, Sandrine Catalan-Massé

Rumeurs d'un village, * *La sentence de l'Allemand,* Marylène Pion

Rumeurs d'un village, ** *L'heure des choix,* Marylène Pion

Sortie(s) de secours, Caroline Langlade

Sous le manteau du silence, Claire Bergeron

Tyrannie, Richard Malka

Un écrivain, Laure Arcelin

Une aventure monumentale, Olivier Dutaillis

Vengeance à temps partiel (série *Sisterhood*), Fern Michaels

Zoo Station, David Downing

Imprimé en France par CPI
en avril 2022
N° d'impression : 2064811
Dépôt légal : juillet 2022
ISBN : 978-2-3791-3115-8

www.monpoche.fr